CONTRE

LA POLICE DES MŒURS

FÉDÉRATION ABOLITIONNISTE INTERNATIONALE
(*BRANCHE FRANÇAISE*)

CONTRE

LA POLICE DES MŒURS

CRITIQUES ET RAPPORTS

AVEC UNE PRÉFACE DE

M. le Docteur V. AUGAGNEUR

MAIRE DE LYON, PROFESSEUR A LA FACULTÉ DE MÉDECINE

(*Assemblée générale du* 6 *juin* 1903)

PARIS
ÉDOUARD CORNÉLY ET Cie, ÉDITEURS
101, RUE DE VAUGIRARD, 101

1904

PRÉFACE

Quand vous aurez terminé la lecture des discours contenus dans ce volume, vous vous demanderez par l'intervention de quelle mystérieuse puissance la Réglementation résiste à tant d'éloquentes et énergiques attaques; comment elle peut continuer à jeter son défi à la justice et aux lois, malgré la démonstration éclatante de l'iniquité de son principe et de l'ignominie de ses actes.

La police, être abstrait, se révèle sous des formes multiples, aussi variées que les attributions de la police elle-même. De ces figures, la plus antipathique, parce qu'elle personnifie l'arbitraire dans la fonction abjecte, est celle de l'agent des mœurs.

La Réglementation fait de la femme une *outlaw*, livrée à toutes les fantaisies de l'agent des mœurs. Les chefs de police protestent quand nous parlons ainsi : ils revendiquent leurs responsabilités tutélaires du droit des filles inscrites, l'agent est un subalterne, il exécute d'après leurs ordres, il ne décide rien, les chefs sont les juges souverains de toutes les pénalités.

Des juges sans doute, mais des juges appréciant d'après les dires des agents. Nous l'avons bien vu récemment dans l'affaire Forissier : le Préfet de police, souverain arbitre, a authentiqué, de sa signature, les mensonges de ses agents : des policiers dont il certifiait, au moment même où ils mentaient, l'excellence des services et la moralité.

La Réglementation c'est l'agent des mœurs; sur son rapport sont prononcées l'inscription ou la radiation. La fantaisie de l'agent des mœurs fait d'une femme une prostituée, et quand cette femme est devenue officiellement une prostituée, la fantaisie de ce même agent l'envoie, quand il lui plaît, innocente, en prison, ou la laisse, délinquante, en liberté.

Dans un rapport adressé par lui à la Commission extra-parlementaire du service des mœurs, le Préfet de police annonce qu'en 1901 (p. 13) la police spéciale a arrêté 52.510 filles soumises, en contravention. Toutes les peines disciplinaires sont, dit-il, prononcées par le Préfet, sur la proposition d'un commissaire interrogateur. Voilà un fonctionnaire dont l'emploi n'est pas une sinécure ! En ajoutant aux 52.510 arrestations de filles soumises, les 3.408 arrestations d'insoumises, nous constatons que la judiciaire de M. le commissaire interrogateur a fonctionné, pendant l'an 1901, 56.118 fois. Si, grâce à une expérience que nul ne s'avisera de lui contester, M. le commissaire interrogateur consacre seulement cinq minutes à chacune de ses opérations, il a jugé, sans s'arrêter ni dimanches ni fêtes, pendant quinze heures par jour !

Venant après d'autres faits aussi lumineux, cette courte statistique démontre que l'arbitraire de l'agent des mœurs est l'âme de la Réglementation : tout repose sur ses déclarations, toutes les prétendues garanties déduites de la valeur morale des chefs sont aussi sérieuses que les enquêtes de M. le commissaire interrogateur.

Rien ne peut réglementer et moraliser les rapports entre filles et agents, ces rapports n'étant et ne pouvant être connus que dans la mesure où les agents veulent bien les divulguer. Comme, d'autre part, le mauvais renom de la profession n'attire guère les individus de quelque valeur morale, il est évident que la Réglementation aboutit à faire d'une classe de femmes les esclaves d'individus peu recommandables. Nous dira-t-on comment 1.717 femmes portées disparues au cours de 1901, sur les 6.354 inscrites au 1er janvier de la même année, se sont procuré l'anneau de Gygès qui les a rendues invisibles à toutes les recherches des agents, agents très actifs, très perspicaces, puisqu'ils ont procédé à 52.510 arrestations, sur une population inscrite de 6.354, arrêtant, par conséquent, 8 fois chacune des inscrites?

Ces femmes hors la loi, réduites à l'esclavage ont donc commis quelque crime? un crime plus grand que tous les crimes, puisque pour aucun d'eux l'accusé n'est soustrait à ses juges naturels, privé des garanties que la loi assure à tous?

Elles se prostituent, c'est-à-dire commettent un acte qu'aucune législation n'inscrit au nombre des crimes, pas même au nombre des délits. Si le fait de se prostituer est répréhensible devant certaine morale, il demeure inconnu à la loi. De plus, la prostituée n'est pas l'unique coupable dans l'acte qu'elle accomplit; elle a un complice, pourquoi n'est-il pas inquiété?

Des milliers de femmes deviennent la chose de l'agent des mœurs, parce qu'elles passent pour commettre d'habitude, un acte inexécutable sans la collaboration de l'homme.

Si injuste que soit ce système, s'explique-t-il par le souci du triomphe de la morale sur l'instinct, par la volonté de supprimer les rapports sexuels en dehors du mariage légitime? La Réglementation, contraire aux règles les plus élémentaires du droit, se réclame-t-elle de la morale ?

La morale de la police s'affirme dans son goût pour la maison de prostitution, objet de tous les égards, de toutes les tendresses. Les rigueurs déployées contre la fille isolée s'expliquent, pour une part, par l'antipathie du *service* à l'endroit de ces femmes qui ont remplacé l'ancienne maison close.

La Réglementation croit se justifier par ses prétentions à garantir la salubrité publique. Si des milliers de femmes sont mises à la merci des policiers des mœurs, vivent dans la géhenne de la prostitution réglementée, demeurent rivées à leur métier d'infamie, ne savent jamais, le matin, si elles ne coucheront pas à Saint-Lazare, sont exposées constamment à donner de l'argent où à se donner elles-mêmes en rançon de leur liberté, si, pour des milliers de femmes, la société n'apparaît que sous la figure de l'agent brutal, c'est pour garantir la santé des clients des prostituées, pour que ces clients puissent, sans en subir les fâcheuses conséquences, se livrer à leurs ébats sexuels.

Nous n'insistons pas sur ce que cette garantie sociale de la salubrité des prostituées a d'immoral, d'incitatif à la débauche, sur ce que la prostituée, ne contractant pas les maladies vénériennes par génération spontanée, il y a d'inique à ne voir en elle que la dispensatrice de ces maladies, d'oublier qu'elle en est la victime, et qu'avant de les rendre à certains hommes, elle les contracta d'un autre que nul n'inquiète pour ce fait.

Laissons tout cela de côté pour rappeler que la Réglementation n'est pas plus favorable à la santé qu'à la morale.

Les recherches démographiques montrent que, dans toute l'Europe, les maladies vénériennes sont en décroissance, aussi bien dans les pays où la prostitution est libre, que dans ceux où elle est surveillée, réglementée. La morbidité vénérienne subit des oscillations synchrones dans toute l'Europe, dans les pays réglementés comme dans ceux qui ne le sont pas. L'introduction de la

Réglementation dans un pays où elle n'existait pas ne modifie pas la morbidité, sa suppression là où la Réglementation existait est également sans influence.

Il est même infiniment probable que la Réglementation est dangereuse pour la santé publique. Les rigueurs de la Réglementation éloignent les prostituées malades de l'hôpital et du dispensaire. La Réglementation n'impose le traitement qu'à une minorité de prostituées, donne aux clients de la prostitution l'illusion dangereuse de croire surveillées et saines toutes les femmes qui les provoquent! Que d'infections sont dues à cette confiance naïve et injustifiée dans le rôle salutaire de la Réglementation!

Tout cela des hygiénistes, des légistes, des sociologues, l'ont établi, démontré : les plus déterminés partisans de la Réglementation en sont réduits à plaider des circonstances atténuantes : la Réglementation reste debout. La Révolution a, il y a cent ans, sur les débris de l'ancien droit, construit le droit moderne, faisant table rase des législations antérieures. Le régime de la propriété, le statut personnel, tout a été modifié de fond en comble; la Réglementation de l'ancien régime a seule survécu; le Préfet de police de la Seine, comme les polices de toutes les villes de France, poursuivi pour arrestations et détentions illégales, invoque une ordonnance du lieutenant-général de police de 1778!

Pourquoi cette survivance d'une des formes de l'arbitraire ancien?

C'est que pendant bien longtemps, jusqu'à ces vingt dernières années, le sort des filles publiques n'intéressait personne. Qui donc se serait ému?

S'occuper des prostituées n'eût-il pas été de mauvais ton? Le pharisaïsme pudibond des uns ne voyait, dans les mauvais traitements infligés, qu'un juste châtiment mérité par des êtres de perdition, démons luxurieux, provoquant aux péchés de la chair.

Les préjugés de tous s'élevaient contre ces femmes, objets d'un mépris universel, les préjugés des épouses irritées contre des rivales, les préjugés des pères et des mères tout disposés à trouver trop doux le sort des Manon d'aujourd'hui.

Et puis n'oublions pas le rôle de l'égoïsme bourgeois. La prostitution ne se recrute pas dans la bourgeoisie, ou si quelque fille bien née prend la carrière de la galanterie, c'est celle de la galanterie haut cotée, qui s'affuble de noms retour des croisades, qui éblouit Paris avec ses équipages, ses toilettes et ses relations, qui ne connaît Saint-Lazare que parce que sur sa plainte, respectueusement écoutée, la police y incarcéra ses soubrettes infidèles.

La prostituée qui souffre est fille du peuple, elle a été le plus souvent jetée au ruisseau par la pauvreté, elle est passée de la tyrannie de la misère sous le despotisme des *mœurs*, qui donc s'intéressera à elle? Elle n'appartient pas à la classe de ceux qui font ou appliquent les lois. Elle est loin, si loin d'eux!

Aussi ce fut un étonnement, un étonnement scandalisé, quand, il y a un tiers de siècle, Mme Butler fonda la Ligue abolitionniste. Les uns, les solennels, se voilèrent la face, honteux de voir poser au grand jour le problème de la prostitution, les autres, les cyniques, se répandirent en railleries d'estaminets.

Mais la vérité et la justice ont patiemment fait leur œuvre. Les abolitionnistes ont réveillé notre conscience, ont ressuscité des sentiments évanouis de justice, de dignité, de solidarité.

Les abolitionnistes ont rappelé à toutes les femmes qu'elles doivent se sentir opprimées par l'oppression de quelques-unes, que ces malheureuses sont devenues indignes par un ensemble de circonstances indépendantes de leur volonté; que celles qui ont échappé à ces circonstances ne pourraient peut-être pas se flatter d'avoir résisté si elles y eussent été exposées.

Les abolitionnistes ont rappelé à l'homme qu'il se conduit lâchement en faisant supporter aux seules femmes les conséquences d'un acte où sa responsabilité est égale, qu'au fardeau physiologique, fatal de la maternité, il a ajouté le fardeau, créé par lui, de la prostitution.

Aux efforts de la *Fédération abolitionniste* se sont joints les efforts d'une phalange de savants. Le mouvement abolitionniste tout sentimental est devenu scientifique. Déjà la résistance n'est plus représentée que par les policiers et quelques médecins.

Ces résistances se comprennent.

L'homme de police ne peut admettre l'inutilité de sa fonction, c'est trop humain pour que j'insiste.

Le médecin est quelquefois homme de police, et si le policier ne peut accepter d'avoir pendant quinze ou vingt ans, sans utilité, exécuté des rafles, jugé, condamné, enfermé, etc., le médecin ne peut davantage accepter d'avoir sans utilité, pendant quinze ou vingt ans, décidé du sort de milliers de malheureuses sur la foi du spéculum du dispensaire.

Et quand il n'est pas attaché à la maison, le médecin est trop fréquemment un spécialiste, fort habile spécialiste c'est entendu, mais étroitement confiné dans *sa partie* ne voyant rien au delà du cercle restreint de ses occupations, s'exagérant l'importance de son métier, aussi incapable d'une vue d'ensemble, aussi plein de suffisance que tel rond-de-cuir vieilli dans les besognes stériles de la bureaucratie.

Dépourvu de notoriété, ce spécialiste n'est qu'un maniaque, célèbre, il devient dangereux, parce qu'il fait école. Sur ses vieux jours, à la phase apothéotique de sa vie, il vaticine, il monte à la tribune de l'Académie de médecine comme à un Sinaï.

Lisez ce livre et vous sentirez quel grand devoir social est à remplir, en démolissant la Réglementation. Vous écouterez ceux qui vous parlent au nom de la justice, au nom de la solidarité, vous les écouterez malgré les assertions intéressées de l'homme de police, malgré les oracles de la science bornée des médecins attardés.

Victor AUGAGNEUR,

Maire de Lyon,
Professeur à la Faculté de médecine.

Contre
la Police des Mœurs

ASSEMBLÉE GÉNÉRALE *de la Branche française de la Fédération abolitionniste, tenue le* 6 *juin* 1903, 16, *rue Cadet, sous la présidence de* M. YVES GUYOT, *ancien ministre.*

DISCOURS DE M. YVES GUYOT

Président de la Branche française de la Fédération abolitionniste

---

MESDAMES, MESSIEURS,

En vous remerciant d'avoir bien voulu répondre à l'invitation de la *Branche française* de la *Fédération abolitionniste internationale*, je dois vous indiquer, en lisant l'article premier des statuts, le but qu'elle poursuit :

« La *Branche française abolitionniste* est constituée sur les principes de la *Fédération abolitionniste internationale* fondée, le 19 mars 1875, dans le but de poursuivre l'abolition de la prostitution spécialement envisagée comme institution légale ou tolérée.

« Considérant l'organisation administrative « de la prostitution comme une injustice so- « ciale, un crime juridique et une erreur hy- « giénique, la *Branche française* de la *Fédé- « ration* s'efforce de soulever en France une « réprobation générale contre ce régime. »

Mais nous devons le reconnaître : en temps ordinaire, l'opinion reste indifférente ; c'est une cause dont ne s'occupent guère avec passion que ceux qui sont intéressés à maintenir ce régime. Il faut des faits comme ceux qui sont survenus au commencement du mois de mai pour provoquer un mouvement d'indignation.

Vous les connaissez. A Rennes, douze jeunes filles ou femmes sont prises dans une manifestation de grévistes. Les commissaires de police trouvent tout simple, une fois arrêtées, de les faire passer à la visite, et le médecin du dispensaire y procède, affirmant ainsi sa subordination aux ordres de la police.

Les commissaires de police ont été frappés par l'Administration et ont du être étonnés.

A Paris, le 7 mai, deux agents de police arrêtent au coin du boulevard et de la rue Saint-Denis deux jeunes filles, Mlles Forissier et Yvonne Mongars. Malgré les protestations de M. Forissier qui était le frère de l'une d'elles et le fiancé de la seconde, elles sont entraînées au poste, et les agents leur prodiguent les mauvais traitements dont ils sont coutumiers. M. Forissier et les demoiselles réclament; le lendemain les agents font intervenir deux malheureuses filles qui, en mentant sur leur ordre, montrent toute l'étendue du pouvoir qu'ils exercent sur elles. Le Préfet de police, après avoir essayé de couvrir les agents Yon et Goblet, les a révoqués, et en a fait ainsi les victimes du système qu'ils appliquaient comme les camarades. Mais quand les plaignantes ont voulu les poursuivre au civil, elles n'ont pas trouvé un avoué, et le président du tribunal a refusé de leur en désigner un. Cette affaire a apporté ainsi une nouvelle preuve que l'irresponsabilité des fonctionnaires existe toujours en France. (*Applaudissements.*)

Les origines du régime de la police des

2

mœurs sont dignes de ses pratiques actuelles. Sous l'ancien régime, les filles étaient exploitées par les officiers de police. En 1802, un ancien chirurgien des mousquetaires et le Dr Teytaud, deux drôles, d'après l'historien officiel de ce régime, Parent Duchâtelet, ajoutèrent aux anciennes pratiques le prétexte de la santé publique. En réalité, ils ne s'adressaient qu'aux femmes qui pouvaient leur donner 3 francs par mois ; ils laissaient les autres de côté. Ils allaient encaisser eux-mêmes et ils dénonçaient à la police celles qui étaient en retard. Mais, comme ils gagnaient trop, ils provoquèrent des jalousies ; et, pour se couvrir, ils éprouvèrent le besoin de se mettre sous la protection d'un ami de Corvisard, bien en cour, M. Leroux, professeur à la Faculté de médecine. Sans vouloir rien dire de blessant pour aucun de nos contemporains, on trouverait au cours du XIXe siècle des médecins de la police qui sont à la recherche de semblables patronages. M. Leroux accepta de donner la protection qui lui était demandée et le partage des bénéfices. Ce fut au mois de décembre 1802 que le dispensaire fut fondé. Eh bien, nous pouvous dire, sans attaquer en quoi que ce soit le corps médical, qu'en réalité la santé publique n'a été qu'un prétexte à l'origine du dispensaire; et quand le dispensaire a fonctionné plus tard avec des médecins animés de meilleures intentions que celles de ses fondateurs, on peut bien se demander si réellement le dispensaire a été autre chose qu'une institution qui faisait semblant, qui fait encore semblant de protéger la santé publique sans la protéger en réalité ; et j'appuie cette hypothèse sur deux faits.

Je cite d'abord un rapport officiel du Dr Delacy qui a paru dans les *Annales d'hygiène et de médecine légales* (t. XXV, p. 337), de l'année 1841. Le Dr Delacy constate que, depuis 1802 jusqu'à cette année 1841, jamais on n'a visité de femme avec le spéculum; que, par conséquent, les visites étaient tout à fait superficielles.

J'arrive maintenant à l'année 1903. Je prends une feuille du rapport de M. Desplas conseiller municipal, au nom de la sous-commission du budget chargée de la Préfecture de police... Avant de vous citer le passage de ce rapport de M. Desplas, permettez-moi de vous indiquer cette assertion du Dr Commenge, ancien chef du dispensaire : « Les visites, dit-il, sont minutieuses. » Or, voici ce que je lis dans le rapport de M. Desplas.

« M. le Préfet a fait parvenir à votre Rap-
« porteur la note suivante... »

Par conséquent les faits suivants sont constatés par une note de la Préfecture de police. Dans cette note, M. le Préfet de police demande l'institution de quatre nouveaux médecins. Nous sommes au budget de la préfecture de police pour 1903, et voici comment il justifie sa demande :

« Le nombre des visites effectuées chaque
« jour par les médecins du dispensaire a
« augmenté : 67.280 visites en 1891, 113.785
« en 1901 ; le service médical est resté sta-
« tionnaire. Il en résulte qu'à certaines
« heures de la journée de véritables encom-
« brements se produisent.

« Actuellement, le dispensaire ne dispose
« que de deux fauteuils de visite, et le ser-

« vice de chaque séance est assuré par deux « médecins, dont l'un procède à la visite et « l'autre rédige des bulletins, donne des « cartes, etc.; ces visites ont lieu de onze « heures à midi et demie et de trois heures et « demie à cinq heures, soit trois heures par « jour. »

Eh bien, si je prends ce chiffre de 113.000 visites en 1901, si je le divise par le chiffre de jours de travail, 300, je trouve 380 visites par jour; étant donné trois heures pour ces 380 visites, c'est-à-dire cent quatre-vingts minutes, cela nous fait plus de deux visites par minute... (*Mouvements divers.*)

Alors, que devient l'assertion du Dr Commenge que « les visites sont minutieuses?... » Dans ces conditions, nous pouvons nous demander si réellement le dispensaire de salubrité ne présente pas en 1903, comme il était à son origine, une simple apparence de sécurité; s'il ne donne pas une fiction de salubrité et s'il offre une garantie quelconque... (*Approbation.*)

M. le Préfet de police, dans une note qu'il a adressée à M. Desplas pour son rapport du budget de la Préfecture de 1902, s'est vanté beaucoup d'avoir multiplié le nombre des arrestations ; il a mis en regard du nombre des visites le nombre des arrestations, et avec enthousiasme il déclare à la fois le nombre des syphilitiques trouvées et le nombre des arrestations augmentées :

« Le nombre des arrestations de filles sou-
« mises opérées du 1er décembre 1901 au
« 1er décembre 1902, c'est-à-dire en onze
« mois, a été de 47.462 ; le nombre des arres-
« tations de filles insoumises n'a été que
« de 3.405... »

Immédiatement, je vous ferai observer ce chiffre de 3.405 en onze mois. L'année précédente, il avait été inférieur, il n'avait été que de 3.050.

Mais M. le Préfet de police, dans les explications qu'il a données au Conseil municipal après les faits sensationnels que je viens de rappeler tout à l'heure, a dit qu'il considérait qu'il y avait à Paris 80.000 filles insoumises.

Qu'est-ce que ce chiffre de 80.000 et qu'entend-il par filles insoumises ? L'ouvrage de

M. Lecour, qui est l'ouvrage classique de la police des mœurs à la Préfecture, désigne par ces expressions toute femme qui tire ses moyens d'existence de la prostitution sans l'autorisation du Préfet de police, ce qui est un crime impardonnable. Mais M. le Préfet de police, avant de lancer ce chiffre, aurait peut-être été plus prudent s'il s'était reporté à la statistique : il aurait vu que, si on prend les femmes existant à Paris, d'après le dernier recensement, de l'âge de dix-huit ans à l'âge de quarante-cinq ans, il y a 680.000 femmes et filles à Paris. Par conséquent, lorsqu'il lance ce chiffre de 80.000 femmes, il suppose qu'il y a une femme sur huit qui tire ses moyens d'existence de la prostitution ; lorsqu'il traite ces 80.000 femmes d'insoumises, il déclare par cela même que les agents des mœurs qui sont lâchés à travers Paris, peuvent arrêter sans qu'ils courent le danger de se tromper une femme sur huit des femmes qui passent dans la rue. Comment s'étonner que des agents des mœurs arrêtent une femme ou des femmes quelconques un peu au hasard? Etant donnée la statistique officielle de la Préfecture de police, ils se disent que une femme sur huit a des chances de ne vivre que de la prostitution et d'être qualifiée d'insoumise...

C'est ce qui est arrivé dans l'affaire que je vous rappelais tout à l'heure : là, les agents de police n'ont pas eu de chance : ils sont tombés sur des femmes qui ont réclamé ; de plus, touchant de près à un rédacteur de la *Lanterne*, ce journal fatidique pour la Préfecture de police. Presque toujours, ils tombent sur des femmes qui n'ont qu'une seule préoccupation : c'est de cacher l'aventure qui leur est arrivée, car elles savent que la police a un moyen infaillible de se défendre : c'est de calomnier ses victimes. (*Applaudissements.*)

« M. le Préfet de police s'était promis, au Conseil municipal, de pousser les agents des mœurs, — permettez-moi l'expression triviale, — à la consommation. Or, quand j'étais le *Vieux petit employé*, quand j'ai fait une enquête, j'ai eu l'occasion de voir des agents des mœurs, et quoiqu'à ce moment il y eût bien moins d'arrestations que maintenant, les agents des mœurs disaient : « Il faut du

« nombre. Quand on n'a pas de nombre, on « est mal noté, vous êtes accusé de manquer « de zèle »... et comme il faut du nombre, on arrête.

M. le Préfet de police se trouve dans une mauvaise posture pour se défendre de cette excitation aux agents des mœurs de « faire du nombre », puisque dans la communication qu'il avait faite au Conseil municipal pour le budget de 1902, il se vantait d'avoir multiplié le nombre des arrestations.

Permettez-moi d'ajouter un mot, en réponse au grand prétexte de la santé publique, dont on joue en cette matière, comme tant de fois on a joué dans d'autres matières du mot le « salut public »...

Quel est donc le très grand danger que fait courir la prostitution au point de vue sanitaire? Je prends les chiffres de M. le Préfet de police : M. le Préfet de police constate qu'en 1900 il a arrêté et fait passer à la visite 41.046 isolées, mises au Dépôt; par conséquent, c'étaient des filles qui étaient inscrites, dont la plupart s'étaient dérobées à la visite, et j'ouvre ici une parenthèse sur laquelle j'appelle toute votre attention.

M. le Préfet de police se vante encore d'avoir porté le nombre des filles inscrites de 4.000 à 6.000, et dans les réponses assez légères qui ont paru dans des journaux qui ont fait des enquêtes, on voit des gens qui raisonnent comme M. Prudhomme. Ils donnent ce qu'ils appellent l'argument de bon sens. Ces filles sont inscrites, sont visitées, sont arrêtées si elles sont malades, et par conséquent, c'est une grande sécurité.

Ils oublient une chose : c'est que toujours la moitié des filles inscrites ont disparu. Et pourquoi ont-elles disparu ? Elles ont disparu d'abord pour essayer d'échapper à cette tyrannie épouvantable qui fait arrêter 41.000 fois 6.000 filles. Si ces arrestations étaient réparties également entre elles, on aurait un chiffre de 8 arrestations par fille, sous prétexte qu'elles ne se sont pas conformées à des règlements qui en font la chose-lige des agents ; mais c'est encore pour un autre motif qu'elles ont disparu : quand une fille a un petit bobo, un écoulement suspect, par exemple, qu'elle craint d'être retenue à la visite, elle va voir, avant de s'y présenter, un médecin, et en général un médecin du dispensaire. S'il lui dit : « Non, vous n'avez rien à craindre », elle s'en va à la visite ; s'il lui dit, au contraire : « Vous êtes peut-être malade », elle se dérobe, elle disparaît et elle continue son métier, comme une bête traquée, perdant toute espèce de sentiment de responsabilité et, somme toute, insoucieuse des contaminations qu'elle peut provoquer.

Voilà donc un nombre d'arrestations, de 41.000, qui doit être en grande partie attribué à des femmes placées dans cette catégorie, par conséquent, qui se trouvent dans les plus mauvaises conditions au point de vue hygiénique.

Eh bien, quel est le résultat? Sur ces 41.000 filles isolées, arrêtées et visitées au Dépôt, il y en a eu, en 1900, 155 syphilitiques ; par conséquent une sur 265 femmes. Pour découvrir une syphilitique, il faut donc 265 arrestations ; et je vous ferai observer, à ce point de vue, la différence considérable qu'il y a entre ce chiffre de une sur 265 femmes arrêtées et se trouvant dans les plus mauvaises conditions hygiéniques et l'assertion extraordinaire qu'avait lancée M. le Dr Fournier quand il prétendait que sur 6 hommes qui passaient sur le Pont-Neuf, il y en avait 1 qui était contaminé... (*Mouvements divers et rires.*) Ce sont là des exagérations qui sont démenties par les faits qu'indique la Préfecture de police elle-même et qui prouvent avec quelle légèreté certains hommes, qu'on appelle les princes de la science, font des statistiques médicales. (*Approbations et nouveaux rires.*)

Mais j'invoque sur un autre point l'autorité du Dr Fournier... Voilà ces femmes arrêtées, elles sont envoyées à Saint-Lazare, non pas en vertu d'un jugement, nous allons revenir tout à l'heure sur la question de légalité, — je me borne tout simplement pour le moment à la question de santé... Elles sont envoyées à Saint-Lazare comme malades. Eh bien, voici ce que M. le Dr Fournier, dans son rapport à l'Académie de médecine de 1887, disait de la prison de Saint-Lazare considérée comme hôpital :

« En sa qualité de prison, Saint-Lazare « s'éloigne absolument du type de ce qu'on « peut appeler un asile sanitaire, un hôpital ; « est-ce qu'il a l'esprit et les mœurs d'un « hôpital ? est-ce que son système de séques- « tration, ses rigueurs vexatoires, sa disci- « pline oppressive, voire son régime alimen- « taire, ont quoi que ce soit de commun avec « ce qui constitue, aux termes stricts du mot, « un hôpital ?... Toutes les filles ont une ter- « reur et une horreur de Saint-Lazare que « paraissent légitimer leurs récits... Les ri- « gueurs et les vexations d'un régime péni- « tentiaire deviennent un contre-sens alors « qu'elles s'adressent à des malades. Nous ne « voyons pas ce qu'on peut en attendre comme « avantages pour le traitement de la syphilis, « et nous préjugeons bien, tout au contraire, « sans crainte d'être démentis par l'observa- « tion, qu'un tel système, par l'ennui, les « humiliations, le spleen, les impatiences, « les colères, les révoltes intérieures, les « troubles moraux qu'il comporte, doit être « singulièrement préjudiciable à la malade. « Pourrait-on mieux choisir que ledit sys-

« tème, si l'on voulait à dessein aggraver le « pronostic et la durée de la syphilis ? »

Et Saint-Lazare est un paradis à côté de certains enfers des départements. Le *Progrès médical* a publié, en 1887, une série de révélations sur le système d'hospitalisation des vénériens dans plusieurs villes, qui est une honte pour les municipalités qui les entretiennent.

Vous voyez, par conséquent, à quels résultats au point de vue de la prophylaxie aboutit le régime dit de la police des mœurs.

Au point de vue de la morale publique, un régime pareil a un résultat immédiat : c'est de corrompre les agents qui y sont employés, et Mme Avril de Sainte-Croix a cité dernièrement, d'après un rapport du maire de Salins, dans le Jura, la lettre d'un commissaire de police écrivant tout naturellement à celui qu'il va remplacer : « Combien rap- « portent les mœurs à Salins ? Je désire être « fixé sur ce chiffre avant d'accepter cette « situation... » (*Mouvement.*) Par conséquent, lorsqu'un commissaire de police écrit dans de tels termes à un de ses collègues, on peut supposer quels peuvent être les arrangements verbaux dont il ne reste pas trace. (*Applaudissements.*)

Ce régime est constitué en dehors de toute loi, son illégalité ne fait plus de doute pour personne. Je vois entre les mains de M. de Pressensé un livre, *la Police des Mœurs*, qu'un des membres du Comité de Direction de la *Fédération*, M. Dolléans, vient de publier; c'est une thèse présentée à la Faculté de Paris; il a été reçu avec éloges docteur en droit; et à coup sûr, c'est là une preuve de la manière dont la question de la police des mœurs est envisagée, puisque aujourd'hui il se trouve un candidat au doctorat en droit assez hardi pour choisir une pareille thèse, tandis qu'il y a vingt ans elle n'aurait même pas été admise. (*Applaudissements.*)

Au point de vue de la police des mœurs, quand, en 1876, j'ai soulevé la question au Conseil municipal avec mon ami Sigismond Lacroix, M. Voisin, en donnant un grand coup de poing sur la table, déclara : « Je tiens « le pouvoir d'arrêter des filles, de les faire « visiter, de les juger, de les détenir indéfi-

« niment des Capitulaires de Charlemagne. » Il ajouta qu'il avait ainsi un droit propre et personnel dont le lieutenant de police avait hérité des Capitulaires de Charlemagne et dont il avait hérité lui-même. (*Rires et applaudissements.*) Et il entendit avoir le droit d'appliquer les ordonnances de 1684 et de 1778.

Mais il avait le tort de viser l'article 484 du Code pénal portant que, « pour les matières et les objets qui n'étaient pas prévus par le Code pénal, les règlements antérieurs continueraient à être appliqués par les Cours et Tribunaux... »

Parfaitement, nous reconnaissons l'autorité de l'article 484 du Code pénal, mais est-ce que par hasard un chef de bureau de la Préfecture de police constitue une Cour ou un Tribunal ? Et, par conséquent, lorsque vous vous arrogez le droit d'arrêter sans mandat, de détenir indéfiniment, de prononcer des condamnations, qui s'étendaient jusqu'à un an, d'après Duchâtelet, est-ce que vous êtes dans les termes de l'article 484 ? Vous êtes d'autant moins dans les termes de cet article qu'il y a des arrêts de la Cour de

Cassation du 19 janvier 1837, du 17 décembre 1841, du 21 avril 1866 qui déclarent : qu'en principe les règlements de police antérieurs à la loi du 16-24 août 1790, spécialement l'ordonnance de 1778, n'ont pour sanction que des peines de simple police. Par conséquent, ce sont des peines de 15 francs d'amende, ce sont des peines, en cas de récidive de un à trois jours de prison, que ces règlements visent; mais il n'y a aucun rapport entre le privilège que s'arroge la Préfecture de police et la légalité qui est déterminée par notre Code. (*Approbation.*)

Cette question d'illégalité est maintenant une affaire entendue et quand devant le Sénat on a essayé, quand le Préfet de police a essayé de faire l'apologie de la police des mœurs, il a invoqué très nettement son droit à l'arbitraire. De légalité, il n'y en a pas, et, permettez-moi de vous le dire, c'est quelque chose de grave pour un peuple que d'accepter et de subir un pareil régime d'illégalité. En 1899, toute l'opinion éclairée s'est soulevée quand on a voulu enlever un accusé à ses juges naturels, lorsqu'on a osé proposer la mesure législative qu'on a appelée la loi de dessaisissement, et cependant, il y a des milliers de femmes en France qui, perpétuellement, tous les jours, sont enlevées à leurs juges naturels de par la volonté du Préfet de police à Paris et des commissaires de police en province. (*Applaudissements.*)

Il est déshonorant pour un peuple d'admettre un pareil régime d'arbitraire, et nous devons bien nous le dire, nous tous, que si, à certains moments une autre cause n'a pas trouvé d'écho dans la conscience publique, c'est précisément parce que nous étions habitués à ce régime d'illégalité, qui permet à ceux qui sont chargés d'appliquer la loi de la violer impunément. » (*Vifs applaudissements.*)

DISCOURS DE Mme AVRIL DE SAINTE-CROIX

Secrétaire général de la Branche française de la Fédération abolitionniste

---

MESDAMES, MESSIEURS,

Permettez-moi, en quelques phrases brèves, et me bornant seulement à mon rôle de Secrétaire général, de vous donner un aperçu des travaux de la *Branche française* de la *Fédération abolitionniste* depuis notre dernière Assemblée générale.

Sachant trop, puisque je la partage moi-même, avec quelle impatience vous attendez la parole des éloquents orateurs qui doivent parler après moi, je ne retiendrai pas longtemps votre attention ; je me contenterai de vous exposer les faits, laissant de côté les questions de principes, sûre que nos idées seront bien mieux défendues par mes éminents collègues que par moi.

Depuis que, au mois de mai dernier, les membres de la *Fédération abolitionniste* se réunissaient pour la dernière fois, la question de la Réglementation de la prostitution et de la police des mœurs a été, à diverses reprises, soulevée au Sénat, à la Chambre, au Conseil municipal de la ville de Paris. Chaque fois que ce douloureux problème s'est à nouveau posé devant la conscience nationale, nous sommes intervenus et avons tâché d'attirer l'attention des pouvoirs publics sur l'illégalité absolue du système.

A la suite de la proposition de M. Léo Meillet demandant à la Chambre, en 1902, lors de la discussion du budget, de supprimer les 14.000 francs alloués à la prison de Saint-Lazare, nous avons demandé à M. Waldeck-Rousseau, président du Conseil, qui venait de nommer une Commission chargée au point de vue de l'hygiène d'étudier la question, d'y faire entrer, en dehors des réglementaristes bien connus, quelques partisans de la théorie adverse.

C'était de toute équité et nous attendions en pleine quiétude la réponse favorable. Hélas! le ministère Waldeck-Rousseau disparut, fut remplacé par le ministère Combes, sans que nous eussions obtenu satisfaction.

Si nous avons été étonnés de ce procédé par trop facile d'avoir raison de son adversaire, nous ne nous en sommes pas émus outre mesure, la dite Commission n'ayant pas jusqu'ici donné signe de vie. (*Mouvements.*)

Dernièrement, au sujet de l'affaire Forissier, nous avons adressé à M. le Président du Conseil la même demande pour la Commission d'enquête extra-parlementaire qui vient d'être nommée afin d'étudier les modifications à apporter à l'état de choses actuel[1].

Nous avons également demandé à M. le Président du Conseil municipal de faire entendre par la Commission d'enquête du 2e bureau des hommes pris en dehors de

1. Depuis l'époque où ces paroles furent prononcées, M. le président du Conseil, tenant compte des réclamations des abolitionnistes, a nommé comme membres de la Commission extra-parlementaire, plusieurs membres de la Fédération et des savants connus pour leurs idées antiréglementaristes.

ceux connus pour être des partisans avérés du système actuel.

Nous espérons cette fois être mieux écoutés. Les scandales de Paris et de Rennes, mettant aux prises avec les agents des mœurs, d'honnêtes jeunes filles, de vaillantes ouvrières coupables seulement de réclamer leur droit à une existence moins mauvaise, ont ouvert les yeux aux plus aveugles; et, à part les hommes intéressés au maintien du système, il n'est pas un républicain digne de ce nom qui ose ouvertement défendre la police des mœurs et la Réglementation actuelle.

Nous avons voulu également, puisqu'on nous reprochait d'ignorer systématiquement, bien que d'éminents médecins fussent des nôtres, la question de l'hygiène, prendre part aux travaux de la Société de prophylaxie. L'année dernière, nous sommes allés à Bruxelles au Congrès international. Là nous avons eu la joie d'entendre des médecins, maîtres incontestés de la science moderne, réclamer au nom de l'humanité le retour au droit commun et dénoncer la Réglementation comme inutile et illusoire au point de vue sanitaire. Nous avons été fiers que ces médecins fussent des Français. Ils défendaient à l'étranger le bon renom de la France contre sa propre administration. (*Applaudissements.*)

A Lyon, grâce à l'appui de la *Fédération* et de la *Ligue des Droits de l'homme* Mlle Machillot, arrêtée injustement et inscrite sur les registres de la prostitution, a pu obtenir gain de cause devant les tribunaux.

Nous avons également, depuis deux ans, organisé des conférences à Paris et en province ; partout nos orateurs ont été écoutés avec le plus vif intérêt, et des ordres du jour ont été votés sur tout le territoire de France flétrissant le régime de la police des mœurs et en demandant la suppression.

Actuellement encore plus de trente conférences nous sont demandées. Si dans quelques villes nos idées n'ont pas encore été exposées, c'est simplement parce que nos délégués, appelés partout, n'ont pu être partout à la fois.

Les malheureuses victimes de la police se sont habituées à voir en nous leurs défenseurs. Nombreuses sont celles qui se sont adressées à nous et pour lesquelles nous avons essayé d'obtenir justice.

Malheureusement, nous n'avons pas toujours pu faire ce que nous aurions voulu. Plus d'une fois il nous est arrivé de voir, au moment où nous nous efforcions de leur aider, les pauvres femmes qui s'étaient adressées à nous, reculer, effrayées, devant la menace ou l'intimidation, et nous demander d'arrêter nos démarches.

Dans l'affaire M..., où nous avions affaire à une femme arrêtée injustement, retenue au Dépôt et visitée malgré l'intervention de son mari, nous ne pûmes, faute de moyens, poursuivre l'affaire. Pourtant l'illégalité de cette arrestation avait été aggravée par le fait d'une lettre glissée au milieu de la nuit dans la chambre où couchait le fils de Mme M..., annonçant l'arrestation de cette dernière pour fait de raccolage sur la voie publique. (*Mouvement de réprobation.*)

La crainte que l'on a d'entrer en conflit avec la police fait toute la force de l'administration. On sait trop, boulevard du Palais, que les malheureux reculeront toujours devant la menace, puisqu'ils n'ignorent pas, hélas! qu'on les menace toujours impunément. (*Applaudissements.*)

Cependant nous avons, malgré ces échecs inévitables, le droit d'être satisfaits des progrès accomplis par l'idée.

On a compris qu'il n'y a pas deux justices, qu'il n'y a pas deux libertés, qu'il n'y a pas deux morales; et, de petit groupe que nous étions, nous sommes devenus une puissante phalange. (*Applaudissements.*)

Comme vous le disait tout à l'heure si bien notre cher Président, *notre cause marche;* elle est portée par tous ceux qui ont au cœur un idéal de justice supérieure comme elle est portée par la jeunesse, toujours dévouée aux nobles causes. La Société des *Étudiants républicains* a ici son représentant officiel et de nombreux groupes de jeunes nous ont témoigné une sympathie dont nous leur sommes reconnaissants.

Après avoir, pendant des années, défendu la cause de la liberté contre l'arbitraire de façon plus théorique que pratique, la *Fédération* a senti que l'heure décisive de la lutte est venue.

Pour les conduire au combat, les membres de la *Branche française* de la *Fédération abolitionniste* ont demandé à celui qui jadis souffrit, fut emprisonné, pour avoir dévoilé les horreurs de la Réglementation et attaqué la police des mœurs, de bien vouloir se mettre à leur tête.

Avec la même ardeur, qu'il apportait à la lutte il y a trente ans, M. Yves Guyot est rentré dans la mêlée. (*Vifs applaudissements.*)

Fidèle à son poste, il a retrouvé autour de lui ceux qui, alors déjà, l'avaient soutenu; M. Gustave de Morsier, le Dr Fiaux, Louis Comte et bien d'autres. La mort malheureusement avait diminué nos rangs; la piété filiale des enfants est venue combler les vides. Francis de Pressensé, que vous allez entendre tout à l'heure, ne fait que succéder à son père dans la belle tâche que celui-ci avait entreprise, et Auguste de Morsier que nous n'avons, à notre grand regret pas le plaisir d'avoir ici ce soir, continue vaillamment avec nous l'œuvre entreprise par Émilie de Morsier, cette femme courageuse, qui, la première de son sexe, osa en France dénoncer publiquement l'infamie de la police des mœurs. En tant que femme, en tant qu'épouse, en tant que mère, elle protesta, secoua les indifférentes de leur torpeur et, sous l'influence de l'admirable Joséphine Butler, créa le mouvement de réprobation actuel.

Dernièrement, le *Conseil national des Femmes françaises* qui compte actuellement plus de trente-huit mille adhérentes, demanda à l'unanimité la suppression de la Réglementation de la prostitution envisagée par ses membres comme une offense à la féminité tout entière. (*Applaudissements.*)

On a voulu, pour diminuer la portée de nos revendications, nous traiter de sectaires ou d'illuminés; peine inutile.

Ainsi que le disait très justement M. Dolléans dans son beau travail sur la *Police des mœurs*, « nous ne nous arrêtons pas à de vains rêves, nous luttons pour des droits précis contre des injustices manifestes ». (*Vifs applaudissements.*)

C'est pour détruire ces injustices que nous faisons appel à la bonne volonté de tous.

Que ce soit au nom de la justice, que ce

soit au nom de la morale ou au nom de la liberté que de nouveaux adhérents nous arrivent, ils sont tous également les bienvenus. Nous ne leur demandons qu'une chose, c'est de nous aider à détruire une institution qui est la honte de la France et la négation la plus absolue de la Déclaration des Droits de l'Homme. (*Applaudissements prolongés.*)

DISCOURS DE M. LE Dr L. QUEYRAT

Chef de service à l'hôpital Ricord

Mesdames, Messieurs,

La *Fédération abolitionniste* m'a demandé de vous dire ce que vaut le système de la Réglementation au point de vue de l'hygiène publique. Ce grand honneur que me fait la *Fédération*, je le dois à ce que, depuis 1898, je suis chef de service à l'hôpital Cochin-Ricord et que, chaque année, je vois passer par ma consultation environ *cinq mille* malheureux, affligés de ces avaries que laisse après elle l'attraction sexuelle de notre pauvre humanité.

Les observations de tous ces malades, dont le total est maintenant de près de *trente mille*, je les prends soigneusement, une par une; je suis le spectateur apitoyé de leurs souffrances physiques et morales, de leurs craintes, de leurs désespoirs; j'enregistre leurs protestations contre une organisation sociale qui expose les individus sains aux plus terribles contaminations et aux pires déchéances : je me trouve donc tout particulièrement documenté pour répondre à la question qui m'est posée en ce moment.

Lorsque je fus nommé à l'hôpital Ricord, où je recueillais la lourde succession de M. Mauriac, je n'avais aucune opinion arrêtée, pas plus au sujet de la Réglementation qu'au sujet de la non-réglementation et c'est seulement en présence de toutes les misères, de tous les désastres que je voyais se succéder devant mes yeux en continuelle et lamentable théorie, que je me suis demandé si vraiment l'organisation médicale et administrative qui laissait subsister un pareil état de choses, *ne pouvait pas*, *ne devait pas* être modifiée.

Sans parti pris aucun, j'ai lu avec intérêt d'abord, puis avec passion, tout ce qui a trait à cette question *éminemment sociale*, *capitale au point de vue hygiénique*, de la police des mœurs, de la Réglementation et de sa contre-partie l'abolitionnisme ; j'ai étudié le fonctionnement du dispensaire, je suis allé à Saint-Lazare voir sur place comment était organisé, au point de vue répresssif, le système actuellement en vigueur et, de tout ce que j'ai lu, de tout ce que j'ai entendu, de tout ce que j'ai vu, il est résulté pour moi cette conviction profonde que le système de la Réglementation, que je n'ai pas à discuter ici, ni au point de vue de la morale, ni au point de vue de la légalité, que ce système, dis-je, *ne vaut rien au point de vue de l'hygiène publique et de la prophylaxie sociale*. (*Applaudissements.*)

C'est ce que j'espère vous démontrer et je le ferai très brièvement, car dans l'espèce les faits parlent d'eux-mêmes et n'ont pas besoin de longs commentaires.

La Réglementation a pour base essentielle :

1° *La police des mœurs;*

2° *La mise en carte des filles ;*

3° *Leur internement à Saint-Lazare.*

La police des mœurs. — M. de Pressensé, avec l'éloquence démonstrative que vous lui connaissez, va vous dire dans un instant ce qu'il faut en penser.

Quant à *la mise en carte des filles*, que j'envisage, bien entendu, au seul point de vue de l'hygiène publique et de la prophylaxie, elle oblige les malheureuses qui font commerce de leur corps à aller subir une visite de santé à des époques déterminées, tous les quinze jours lorsqu'elles paraissent saines, tous les huit jours lorsqu'elles sont atteintes de syphilis, car, *chose à peine croyable* et sur laquelle je vais revenir dans un instant, *les syphilitiques ont le droit, de par l'autorisation de la Préfecture de police, de se prostituer comme les autres.*

Messieurs, et vous surtout Mesdames, avant d'aller plus loin, je vais vous demander la permission de dénommer librement les maladies contagieuses dont nous voulons restreindre la dissémination. Le temps n'est plus où il existait des maladies honteuses, il n'y a pas de maladies honteuses : la seule honte qu'il puisse y avoir c'est d'employer une pareille dénomination. J'ajoute, au surplus, qu'il y a un intérêt majeur pour nous tous, — aussi bien, et je dirai même encore plus pour les femmes que pour les hommes, — à connaître l'existence de ces maladies qui font courir de si graves périls au présent comme à l'avenir de la famille et de la race.

Puis, je vous le demande, en quoi une dénomination scientifique pourrait-elle paraître inconvenante ou immorale ?

Bien au contraire, rien n'est aussi moralisateur que la science, que la connaissance précise des choses. Et la preuve, c'est qu'il existe aujourd'hui dans les diverses facultés un grand nombre de jeunes filles qui n'ignorent rien de l'anatomie et de la physiologie, voire même de la nature des maladies. Malgré cela, ou bien plutôt à cause de cela, on peut dire d'une manière générale que leur moralité comme leur conduite sont au-dessus de tout éloge et très supérieures à celles des jeunes flirteuses du grand monde qui admettent tant de choses, pourvu que le nom n'en soit pas prononcé...

D'ailleurs, ne savons-nous pas, comme l'a si bien dit Stuart Mill, qu'on ne peut prévenir ni guérir les maux de la société, tout comme les maladies du corps, si l'on n'en parle pas ouvertement?

Nous mettrons donc de côté, si vous voulez bien, toute hypocrite pudeur et je vous dirai que les deux maladies contagieuses résultant du commerce sexuel et qui désolent l'humanité, les deux maladies contre lesquelles il faut organiser une énergique croisade, sont la *syphilis* et la *blennorrhagie* : la *syphilis*, maladie constitutionnelle, demandant quatre ou cinq ans de traitement rigoureux pour guérir et capable de se transmettre par hérédité; la *blennorrhagie*, maladie non héréditaire, qui se caractérise par des phénomènes inflammatoires variés, qui guérit souvent en six semaines, lorsqu'elle existe à l'état aigu, mais qui passée à l'état chronique peut durer des mois et des années et toujours expose à de redoutables complications.

Je vous ai dit que ces maladies étaient contagieuses, elles sont donc évitables. Le système de la Réglementation permet-il aux individus sains de les éviter facilement?

On peut répondre, pièces en mains, que le système de la Réglementation en favorise, au contraire, singulièrement la propagation.

Les filles en carte, vous disais-je, sont soumises à des visites hebdomadaires ou bi-mensuelles, suivant le cas ; si elles sont reconnues malades, on les emprisonne à Saint-Lazare, d'où elles sortent au bout d'un temps variable — deux mois en moyenne — alors qu'en général elles sont loin d'être guéries.

Eh bien ! ces visites sanitaires, ces incarcérations à Saint-Lazare, suivies d'une nouvelle mise en circulation de prostituées encore malades, n'offrent aucune garantie ; bien loin de là, elles donnent au public ignorant une sécurité trompeuse dont il est la continuelle victime. Que de fois ne m'arrive-t-il pas de voir de pauvres malheureux s'étonner d'avoir pris une maladie contagieuse au contact de ces filles. « Pourtant, Monsieur, elle m'a montré sa carte, elle avait passé la visite ! » Quelle valeur peuvent avoir d'ailleurs ces visites sanitaires ? Là où il faudrait un examen attentif, minutieux, les médecins du dispensaire ont tout juste, ainsi que le démontrait tout à l'heure M. Yves Guyot, d'après la statistique même du Préfet de police, *une minute* pour examiner *deux malades*. C'est contre cet examen dérisoire que protestait énergiquement M. Janet, à la *Société de Prophylaxie sanitaire et morale*, le 10 juillet dernier. Se plaçant tout particulièrement au point de vue de la prophylaxie de la blennorrhagie, il s'écriait : « Que faites-vous contre la blennorrhagie, messieurs les Réglementaristes? Rien du tout, ou, plutôt, du mal. Vous distribuez chaque jour des quantités de cartes à des quantités de femmes; ces cartes sont des brevets de santé. Vous dites à une femme : « Exercez votre métier, vous êtes saine. » — Vous dites au public : « Vous pouvez marcher, elles sont propres. » Alors que *toutes ces femmes* (et la compétence de M. Janet en la matière ne fait de doute pour personne), alors que toutes ces femmes, ou à peu près, sont blennorrhagiques.

Vous dites qu'elles ne le sont pas, mais que faites-vous pour le prouver? Savez-vous combien il faut de temps pour examiner une femme au point de vue blennorrhagique? Un bon quart d'heure et pourtant je suis bien installé pour pratiquer rapidement la stérilisation des instruments nécessaires, et les examens microscopiques appropriés.

Le médecin du dispensaire pourrait donc examiner QUATRE femmes à l'heure, on lui en fait *passer* CENT VINGT. » Ceci, n'est-il pas vrai, n'a pas besoin de commentaires.

Au point de vue de la syphilis, il n'y a pas plus de garanties, ainsi que je le démontrais le mois dernier à la *Société de Prophylaxie*. Sans parler du diagnostic de cette terrible maladie, souvent impossible chez la femme, à un examen rapide, voici qui est mieux :

Une femme est, je suppose, au troisième mois de son infection syphilitique, atteinte d'accidents secondaires ; on l'arrête, on l'interne à Saint-Lazare : après un mois, deux mois de séjour, elle est guérie localement; qu'en fait-on? La saine logique et la bonne prophylaxie voudraient que cette femme n'eût pas de rapports avec un individu sain, avant quatre ans, au moins. Bien loin de là, avec le système réglementariste, il lui est délivré une carte *rouge* moyennant laquelle, à la condition qu'elle se présente tous les huit jours à la visite du dispensaire, elle a le droit de se prostituer — comme et quand elle veut — avec tout venant.

Ceci, vous me l'accorderez, passe vraiment les bornes. Comment! Voilà une femme en puissance de syphilis; une goutte du sang, de la sérosité lymphatique de cette femme, inoculée à un individu sain, lui donnera infailliblement la syphilis et vous la laissez avoir des contacts sexuels comme bon lui semble. Elle passe, me direz-vous, la visite tous les huit jours, mais cette femme qui n'a aucune érosion aujourd'hui pourra avoir demain — pour mille et une raisons — l'éraillure contagionnante et, si son partenaire est en état de réceptivité, lui donnera infailliblement la syphilis. Et voilà le système que les réglementaristes préconisent, celui qu'ils considèrent comme efficace comme la panacée de la prophylaxie! Nous conclurons d'un commun accord, je pense, que, non seulement il est inutile, mais encore qu'il est dangereux au premier chef. (*Vifs applaudissements.*)

Je pourrais vous citer nombre de malades de ma clientèle, soit de la ville, soit de l'hôpital, qui ont été contaminés par le fait de cette croyance que la visite de la femme au dispensaire est une garantie. Un des cas les plus récents et que je veux vous raconter, car il est tout à fait édifiant, est celui d'un pauvre jeune homme de dix-huit ans, venu me consulter à l'hôpital, le 25 avril dernier et atteint de syphilis, pour avoir eu un contact sexuel avec une fille publique, trente-deux jours auparavant. Comme je lui disais de quelle maladie il était porteur il fut véritablement stupéfait et, suivant la formule que je vous indiquais tout à l'heure et qu'ils emploient tous dans leur naïveté, il me dit : « Cependant, Monsieur, cette fille m'a montré sa carte ! elle avait passé la visite ! » — « De quelle couleur était sa carte ? lui demandai-je. » — « Sa carte était rouge », me répondit-il. (*Mouvements.*)

Voilà donc que ce brave garçon, sur la foi des traités réglementaristes *et la présentation de la carte de sa partenaire*, où la visite toute récente était mentionnée, se figurait à l'abri de tout danger ; il a été la dupe de sa croyance à l'efficacité des visites de santé et du système de la réglementation, et on peut dire que la Préfecture de police est *responsable* de cette contamination syphilitique, comme de tant d'autres.

La mise en carte des filles et — en cas de maladie — leur incarcération à Saint-Lazare ont un résultat déplorable : c'est d'éloigner ces malheureuses des visites sanitaires ; elles sont épouvantées à l'idée d'être examinées, puis emprisonnées ; le médecin devient pour elles un dénonciateur, un ennemi ; elles ne cherchent qu'à éluder les visites, ne se soignent pas et leurs maladies s'éternisent, faisant chaque jour de nouvelles victimes. Combien cependant auraient besoin d'être examinées et traitées? Savez-vous en effet combien de filles passent annuellement à la visite du dispensaire? *trois mille quatre cent cinq*, et savez-vous combien il existe actuellement de filles insoumises à Paris? *quatre vingt mille*. Ces chiffres, dont je ne veux pas souligner l'éloquence, je les emprunte tout simplement à la communication que faisait, le mois dernier, M. Lépine, préfet de police, devant la Commission du Conseil municipal.

Au lieu de traiter d'une façon insuffisante et terrorisante *trois mille quatre cent cinq* filles, combien ne serait-il pas plus intelligent et d'une meilleure prophylaxie de donner à toutes les insoumises le moyen de se traiter et de se guérir librement en toute sécurité. Notez encore, Mesdames et Messieurs, que les sévérités de la police *ne s'appliquent qu'à la prostituée pauvre*, tandis que Réglementation et réglementaristes s'inclinent chapeau bas devant la prostituée riche, non moins infectée pourtant et non moins dangereuse.

Notez enfin que la Réglementation ne vise qu'un des facteurs de contagion, la femme, *tandis qu'elle laisse l'homme atteint de syphilis ou de blennorrhagie, contagionner, en toute tranquillité, en toute impunité, autant de femmes qu'il veut, sans qu'il risque d'être inquiété jamais.* (*Murmures.*)

Aussi peut-on dire en toute conscience — ainsi que M. le professeur Landouzy, M. le professeur Gaucher et moi l'avons déclaré à la deuxième conférence internationale de Bruxelles — le système de la Réglementation est absolument inefficace.

J'ajoute qu'il est dangereux;

J'ajoute qu'il est profondément inique.

Il faut donc le supprimer *au nom de l'hygiène et de la santé publiques*, tout aussi bien qu'au nom de la justice et de la légalité.

Et par quoi le remplacer?

Par la responsabilité civile et pénale de la contamination vénérienne.

La santé d'autrui doit être chose sacrée; nul ne devrait avoir le droit d'y attenter, bien moins qu'à la propriété. Or, tandis qu'on condamne un pauvre diable coupable d'un vol insignifiant, on laisse chaque jour de véritables criminels, malgré les objurgations de leur médecin, semer impunément la blennorrhagie et la syphilis, avec tous les désastres qui leur font suite, à travers les familles et la société.

Pareil état de choses ne saurait être toléré plus longtemps, et ce serait un honneur pour tous les partis politiques, sans distinction de nuances, que de réclamer dans leurs programmes des garanties pour la santé publique et une hygiène mieux comprise.

Aussi bien, à ce point de vue, d'autres nations européennes nous ont donné le bon exemple : la Norvège, le Danemark, la Finlande, l'Allemagne, l'Autriche, ont introduit tout récemment dans leurs codes respectifs la notion de la responsabilité du délit vénérien, et je vous citerai, à titre de document, l'article 155 du Code norvégien ainsi conçu :

Celui qui, connaissant ou présumant chez lui une maladie sexuelle contagieuse, aura contaminé ou exposé à la contamination une autre personne, par commerce charnel ou par débauche, sera puni de prison jusqu'à cinq ans.

Voilà la disposition de loi (en y ajoutant des amendes), par laquelle il nous faut remplacer le régime de la Réglementation, inefficace, dangereux, inique, déchu.

En faisant rentrer la contamination vénérienne dans le droit commun, nous remplaçons l'*arbitraire* de la Réglementation par la *légalité;* nous pouvons, en cas de contamination, frapper l'*homme* tout aussi bien que la *femme*, les *riches* aussi bien que les *pauvres* et, lorsque nous, médecins, en présence d'un syphilitique ou d'un blennorhagique qui, se sachant contagionnant, veut se marier malgré notre défense, malgré toutes nos représentations, lorsque nous pourrons lui dire : « Monsieur, si vous vous mariez, vous vous exposez à 10.000 francs d'amende et cinq ans de prison », ce jour-là nous ne parlerons plus dans le désert, nous aurons quelque chance d'être obéis, et la crainte de la responsabilité civile et pénale sera suivie, soyez-en persuadés, d'une diminution énorme des contaminations vénériennes.

Il faut donc remplacer le système de la Réglementation par un article de loi déterminant la sanction pécuniaire et pénale au délit vénérien.

Enfin, Mesdames et Messieurs, pour préserver dans la mesure du possible la société contre le triste fléau des maladies vénériennes, il faut diminuer — je n'ose pas dire supprimer — la prostitution, et pour cela il est indispensable de donner à la femme les protections et les garanties qui lui manquent encore et que lui refusent d'ailleurs la plupart des réglementaristes; *il faut de tous nos efforts hâter le vote de la loi sur la recherche de la paternité, le vote d'une loi sur le recours de la femme contre le séducteur*, car aujourd'hui qui dit fille séduite, dit fille bien vite abandonnée, puis prostituée, puis contagionnée et contagionnante. (*Applaudissements.*)

Ces lois ne seront donc pas seulement œuvre de justice, mais aussi de bonne hygiène et de saine prophylaxie.

Donnons donc à la femme des garanties légales, assurons-lui des conditions d'existence suffisantes pour qu'elle ne soit pas obligée de se prostituer pour vivre.

Enfin, il sera indispensable de punir de la façon la plus sévère le racolage de la rue et non pas seulement le racolage de l'homme par la femme, mais aussi le racolage, considéré avec tant d'indulgence par les réglementaristes, de la femme par l'homme et avec ces trois dispositions :

1° *Responsabilité civile et pénale de la contamination vénérienne ;*

2° *Propreté de la rue ;*

3° *Responsabilité égale pour l'homme et pour la femme* (avec, au premier plan, l'autorisation de la recherche de la paternité).

Avec ces trois articles de loi, dis-je, nous aurons un système de prophylaxie aussi excellent, aussi efficace que celui de la Réglementation était détestable et sans résultat ; nous aurons enfin un régime d'hygiène publique digne de notre pays et digne de l'humanité.

M. Yves Guyot. — C'est avec un grand intérêt que nous avons entendu l'éloquent rapport de M. le Dr Queyrat. Nous sommes heureux de voir des hommes de science tel que lui et les maîtres dont il a parlé, venir à nous et nous l'en remercions bien sincèrement.

DISCOURS DE M. CHARLES WAGNER

Mesdames, Messieurs,

Je ne vous empêcherai pas bien longtemps d'entendre M. de Pressensé. Le Comité a pensé qu'il serait juste et bon, ce soir, que quelques paroles vous fussent dites sur le côté moral de la question qui nous occupe; mais je serai bref.

Lorsqu'on parle de morale, on éveille chez quelques-uns l'idée d'une entrave. Ils ne la connaissent que sous sa forme négative, prohibitive. C'est une vieille empêcheuse de danser en rond. Se soustraire à ses exigences est un signe de caractère.

D'autres voient dans la morale quelque chose de bien vénérable et de bien respectable quoique de purement conventionnel. Elle n'a pas de base proprement dite dans la réalité ; mais il est prudent de la respecter, bien porté de lui rendre de superficiels hommages.

On considère encore la morale comme un code édicté, une règle arbitraire, imposée par celui-ci ou celui-là, homme, société ou Dieu, mais qui n'a point de justification véritable dans la vie.

Ce n'est pas de cette morale que je veux vous parler. La morale vraie ressort de la vie ; elle est la loi même d'évolution de la vie. Elle est gravée dans nos os et nos moelles, burinée sur la substance même de notre être.

Quel est le point de départ de la morale, ainsi entendue? C'est le respect de la vie humaine elle-même. Le respect, ne nous y trompons point, n'est pas un sentiment aveugle, inspirant des gestes d'inintelligente obséquiosité ; le respect est, au contraire, le sentiment le plus clairvoyant qui soit : il nous fait apprécier les choses selon leur véritable valeur.

Le premier point de toute morale, c'est le sentiment de la valeur profonde, de la haute dignité de la vie humaine. Pour éprouver ce sentiment, et pour véritablement respecter la vie, il faut consacrer une vénération toute particulière à ses origines, à ses sources et à son germe. Par conséquent, le commencement de toute morale parmi les hommes, est le respect de la vie, et de la source de la vie. Si la vie humaine n'est rien, si elle n'est qu'une moisissure à la surface du globe, une fumée qui apparaît et disparaît, alors le droit, la justice, et tout le reste, ne sont qu'une vanité. Mais, si le droit et la justice existent, s'il y a quelque chose de vénérable parmi nous, et pour quoi il vaille la peine de lutter, de combattre et de souffrir, c'est précisément parce que nous possédons, dans la base même de ces biens, dans la vie humaine, quelque chose d'éminemment précieux, qui confère sa valeur à tout le reste.

Au point de vue de ce respect primordial de la vie humaine, considérez maintenant l'institution dont on vous parle, c'est-à-dire la débauche officiellement accréditée et réglementée, reconnue, pour ainsi dire, comme une institution publique. La présence d'une pareille institution, au milieu de nous, n'estelle pas un scandale permanent, un obstacle pour ainsi dire infranchissable à l'éducation de la jeunesse. La jeunesse a le plus grand besoin, à un certain moment d'effervescence passionnelle, d'apprendre le respect de la vie et d'y être sans cesse rappelée. Nous péchons malheureusement, dans toutes les sociétés modernes, et l'on a péché toujours et dans toutes les sociétés, contre cette loi fondamentale. S'il doit y avoir une rénovation sociale, selon la liberté, la justice et le droit, il faut que nous fassions amende honorable, sur ce chapitre particulier. Il règne là beaucoup de légèreté, d'hypocrisie, de lâcheté.

Certes, en famille, nous faisons ce que nous pouvons; mais, si nous sommes forts par les conseils, et si chaque père, désirant que son fils devienne meilleur que lui, lui prodigue les meilleurs avis, nous sommes faibles par les exemples. Surtout nous ne sommes pas soutenus par le cadre que la vie publique donne à l'éducation familiale. Comment voulez-vous, lorsque nous avons éduqué, élevé nos enfants, et que nous les promenons par les rues, qu'ils ne s'aperçoivent point de cette inconséquence? Quand l'âge leur arrive, quand ils regardent, observent, écoutent, comment ne sentiraient-ils pas la contradiction flagrante, entre ce que nous leur avons enseigné sur le respect d'eux-mêmes, de leur jeunesse, de leur virilité, sur le respect de la femme, — et cette institution. Elle possède tant de moyens de parler non seulement à l'oreille, mais sur les toits; elle s'étale dans les rues, s'affiche sur les murs; elle a à sa disposition plus d'écoles que n'importe quelle science. Elle s'impose, se dit nécessaire, a souvent plus de professeurs que d'élèves, et enrôle l'État lui-même parmi ses propagateurs. Comment voulez-vous que la jeunesse n'en soit pas ébranlée?... Je dénonce donc cette institution, inutile au point de vue médical, inique au point de vue social, et qui est une tache au point de vue moral.

Il y a parfois, à la surface de la peau, des taches, des pustules qui indiquent que, dans les profondeurs du corps, quelque chose est troublé et pourri. La prostitution réglementée, dans un État, est une pustule malsaine à la surface du corps social; elle indique que quelque chose est pourri dans le fond. (*Applaudissements.*)

Il est grand temps que nous attaquions le mal par la racine. Il nous faut propager partout où nous serons le sentiment de la grandeur, de la hauteur, de la dignité de la vie humaine. Il nous faut prendre des leçons autour de nous, dans la vie inférieure, si ce que nous observons parmi les hommes ne nous suffit pas. L'horticulture, l'aviculture, n'importe quelle culture nous indiqueront que. partout le plus grand soin doit être apporté au commencement et aux semailles. A quoi vous servent vos charrues, vos moissonneuses et vos batteuses, lorsque la semence que vous jetez dans les sillons a été contaminée et avariée dans le semoir?... Après cela toutes vos inventions les plus ingénieuses sont inutiles, et tous les soleils se sont levés trop tard. (*Applaudissements.*) A quoi servent les institutions sociales, les belles écoles, les réformes, si, au fond, dans le sentiment essentiel par lequel la vie est considérée, vous êtes en déficit. C'est un point capital : jamais sans le respect de la femme on n'édifiera une société véritable, et jamais, sans le respect de soi-même, on ne formera des caractères. (*Approbation.*)

Voilà un sujet sur lequel nous ne pourrons trop méditer. Il est bon qu'il soit étudié à tous les points de vue, et que nous lancions contre la vieille Bastille d'iniquité et de pourriture tous les bataillons de la science et tous ceux de la bonne volonté. (*Applaudissements.*)

Le monde est ainsi fait, que les institutions publiques sont pour ainsi dire devant nos yeux, en permanence, des leçons de choses qui nous inspirent et qui nous parlent. C'est par ce que nous voyons dans la cité, c'est par ce qui rayonne autour de nous, c'est par ce qui nous parle sur la place publique, que nous faisons notre éducation publique. Quelle sera-t-elle si nous sommes constamment environnés, circonvenus par des leçons de désordre et de débauche ?

On reproche à certaines villes d'empoisonner leurs citoyens, en leur faisant boire de l'eau contaminée. Prenons garde ; l'institution dont nous parlons est une source empoisonnée ; elle n'est pas emmurée, elle est reliée à nos familles et à nos foyers par des canalisations souterraines qui arrivent partout. Si vous laissez cette pourriture, si, parce que vous êtes honnêtes, vous dites : « Ces choses ne nous regardent point ; il nous déplaît d'y regarder et d'y toucher », la pourriture vous recherchera chez vous, par des membres de votre famille. Vous rencontrerez un jour à votre foyer ce que vous n'avez pas voulu apercevoir dehors.

Je compare une société d'ailleurs policée, mais qui ne serait pas vigilante sur ce point, à une cité dans laquelle on ne s'occuperait nullement de l'hygiène publique, de l'habitation, de la propreté des rues, mais où, les citoyens une fois morts, la municipalité leur assurerait des cimetières aux larges avenues, afin qu'ils soient couchés dans des tombes commodes et saines, à l'abri des miasmes et de l'humidité.

Nous n'en serons pas réduits là. Le sentiment de la justice s'est éveillé parmi nous : on commence à comprendre ce que c'est que de bâtir une société, de quel ciment il faut la lier. On commence à sentir que c'est l'âme humaine, la pensée qui enfante le monde, et que, si cette source est troublée, il n'en peut rien sortir que de trouble. Si nous voulons renouveler la société, régénérer les rapports humains; si nous voulons créer quelque chose de grand, de beau et de vraiment noble, il faut nous convertir tout d'abord au respect de la vie humaine, au respect de la source de la vie. En un mot, il nous faut devenir purs, chastes. Dans ce temps névrosé, dans ce temps aveuli par l'anémie, l'alcoolisme, et par tant de causes, il nous faut devenir économes de nos forces vitales, respecter en elles le capital de tous les capitaux. Aucun capital d'argent qui dort dans les coffres-forts, aucun capital de richesse qui dort dans les gisements des mines noires, ou dans les filons des mines d'or, ne vaut ce capital. Le fonds essentiel, la grande réserve, ce qui fait l'avenir, ce qui fait la richesse d'un peuple, c'est sa réserve de vitalité, de force, qui est dans sa jeunesse et par laquelle l'avenir est assuré. (*Applaudissements.*)

Le fait à méditer par chacun, homme ou

femme, dans sa jeunesse, est celui-ci : J'ai reçu le flambeau de la vie ; je dois le garder afin de le transmettre pur et vivace à ceux qui viendront après moi. L'oublier c'est compromettre gravement un dépôt sacré, c'est commettre le crime de lèse-humanité. De nobles atavismes, des instincts tutélaires, des timidités, des pudeurs, tout un ensemble de précautions dont la source de vie est entourée même chez les plantes et les brutes viennent corroborer ce conseil. De saines traditions de pureté et de respect de soi-même s'y ajoutent. Et ce ne sont pas là, comme elles pourraient le paraître en leurs formes travesties et inférieures, des pruderies ridicules, des feintes hypocrites ; c'est la garde d'honneur de toute jeunesse digne de ce nom.

Non seulement la morale, non seulement les bons avis des anciens, sont là pour dire : prenez garde, il y a là quelque chose de très noble ; mais la justice, la science, l'amour du prochain, doivent nous donner le même conseil. Si nous l'écoutons, nous aurons ruiné dans sa racine même, dans sa racine hideuse et vénéneuse, l'infâme institution contre laquelle nos volontés se liguent, et le jour viendra où nous ne serons plus réduits à dire qu'il faut détruire Carthage, mais où Carthage sera détruite! » (*Vifs applaudissements.*)

M. Yves Guyot. — Nous remercions M. Wagner de son éloquent discours. Avant de donner la parole à M. de Pressensé, nous allons entendre M. de Meuron, député au Grand Conseil de Genève, membre du Conseil directeur de la *Fédération*, qui est venu de Genève à Paris, exprès pour prendre part à cette réunion. (*Applaudissements.*)

ALLOCUTION DE M. DE MEURON

Membre du Conseil directeur de la Fédération internationale.

MONSIEUR LE PRÉSIDENT, MESDAMES, MESSIEURS,

Je ne suis point venu pour vous infliger ma parole, croyez-le bien; mais, puisque vous me faites l'honneur de me la donner, je n'en use que pour apporter à la *Branche française* de la *Fédération* le salut le plus cordial et le plus sympathique de la Commission administrative internationale.

Vous savez avec quel intérêt les abolitionnistes de tous les pays suivent ce qui se passe dans le vôtre, combien ils sont attentifs aux péripéties de la lutte que vous avez si bien entreprise et que vous poursuivez contre la police des mœurs. Il est évident que la victoire que vous remporterez dans ce pays qui a été l'initiateur, si ce n'est l'instigateur du régime de la Réglementation, aura un retentissement, une répercussion infiniment plus étendue et plus durable que n'a pu les avoir l'établissement même de ce régime.

C'est dire combien est vive la sympathie qui, de toutes parts, va des abolitionnistes à vous et à votre œuvre. Ils ont la conviction, Mesdames et Messieurs, que vous remporterez la victoire. Ils y croient. Du reste, lorsqu'on a pour conducteur un vaillant, j'allais dire, — pardonnez-moi, mon Président, — un vieux récidiviste comme vous, un incurable, quant à sa maladie de vouloir et de réclamer la liberté pour tous, maladie que Sainte-Pélagie même n'a pu guérir... (*Rires et applaudissements*)..., lorsqu'on a pour secrétaire général une personne qui non seulement bataille sur le terrain des idées, mais veut, comme Mme Avril de Sainte-Croix, exercer encore une action pratique et essayer, au moins sur le terrain économique, de réparer les brèches faites par la police des mœurs (*Vive approbation*)..., lorsqu'on est entouré, comme vous l'êtes, d'hommes de pensée, d'hommes de science et de législateurs, je dis qu'il est impossible que les murailles de la Bastille dont on parlait tout à l'heure ne tombent pas.

Je fais donc, Mesdames et Messieurs, les vœux les plus sympathiques, les plus énergiques de la part de la *Fédération internationale* tout entière, pour votre prochaine et définitive victoire. » (*Vifs applaudissements.*)

M. Yves Guyot. — Nous remercions beaucoup M. de Meuron des paroles d'encouragement qu'il vient de nous apporter de la part du Comité central de la *Fédération* et nous le prions de porter notre salut fraternel aux membres du Comité international.

DISCOURS DE M. FRANCIS DE PRESSENSÉ

Député de Lyon

Mesdames, Messieurs,

Je serais très embarrassé, très gêné, pour prendre la parole devant vous, si je ne m'étais rendu compte qu'après les voix éloquentes que vous avez entendues, les hommes compétents qui se sont déjà expliqués ce soir, ma tâche doit consister à essayer de vous présenter en un raccourci, aussi bref que possible, le résumé de l'acte d'accusation, du réquisitoire que nous essayons de de dresser depuis longtemps contre la police des mœurs, et contre les ystème de la Réglementation.

Assurément nous sommes réunis ce soir parce que le moment était venu de rendre le compte annuel des travaux de la *Fédération*, mais aussi à cause des scandales récents qui ont attiré l'attention du grand public sur le fonctionnement de la police des mœurs, et du système de la Réglementation. Et si je suis, pour ma part, très disposé à joindre ma protestation à celles qui s'élèvent ici, et se sont déjà élevées de toutes parts contre ce qu'on a appelé les « accidents de la police des mœurs », j'estimerais néanmoins que nous ferions une besogne tout à fait imparfaite, si nous nous contentions de nous arrêter à ces accidents, si nous ne remontions pas jusqu'au principe.

En effet, il y a déjà longtemps que des faits de ce genre se sont passés. Depuis quinze ans, si on en fait la liste, on trouve que nous avons eu, et je ne citerai que celles qui ont eu quelque écho, les affaires Bernage, Liseron, Doumergue, Monanteuil ; en 1898, l'affaire Haring, Sébastiani, Marcony, Favre, à Lyon, l'affaire Privat.

Chaque fois que des scandales de ce genre se sont produits, il y a eu une certaine agitation, mais il semble que les campagnes entreprises n'aient pas porté tous leurs fruits, parce qu'on s'est trop occupé des mœurs de la police et pas assez de la police des mœurs. (*Approbation.*) Aujourd'hui, je crois que le moment est venu non pas d'examiner simplement ce qui est en quelque sorte un accident, en même temps qu'une conséquence nécessaire du système, mais de remonter jusqu'aux principes. Après tout nous ne ferons rien de nouveau; il y a longtemps que s'est fondée la *Fédération*, il y a longtemps qu'elle agit, il y a longtemps qu'elle s'est jetée en quelque sorte dans la bataille. Il y a même eu une période héroïque, et je plains, pour ma part, ceux qui ne trouvent que de sottes plaisanteries, des railleries froides, des pointes émoussées contre les braves gens qui s'étaient jetés au début dans cette rude mêlée.

Je lisais récemment une brochure dans laquelle est contenu le plaidoyer de l'un des défenseurs principaux du système de la Réglementation, et j'y voyais des ironies, qui voudraient être supérieures et spirituelles, contre ce que l'auteur appelle l'esprit piétiste, l'esprit protestant.

Au début, cela est certain, c'est du côté religieux que sont partis les premiers initiateurs de cette grande croisade. Il est certain qu'elle se rattache au nom de Mme Butler ; qu'il s'est trouvé — ô ! paradoxe ! — un certain nombre de gens qui pratiquaient le christianisme, n'y voyant pas exclusivement un contrefort de la société, une sorte de gendarmerie conservatrice, ou bien un petit pacte d'assurance individuelle conclu avec le ciel. (*Rires et applaudissements.*) Il s'est trouvé qu'il y avait des gens qui avaient un certain enthousiasme, l'esprit de l'évangile primitif, et qui se sont jetés dans cette mêlée. Mais rien n'est plus faux, rien n'est plus absurde que de prétendre que le mouvement soit à l'heure actuelle, ou même soit resté longtemps exclusivement dans cette direction. Assurément, le mouvement abolitionniste a gardé, garde avec fierté ces souvenirs, et rend un hommage ému aux personnes qui avaient pris cette initiative ; mais, dès le début nous avons vu se grouper autour des chrétiens spécifiques des libéraux, des radicaux, des hommes comme notre président, comme le Dr Fiaux, et plus tard un grand mouvement scientifique s'est prononcé à côté de ce mouvement des consciences. Nous avons vu venir peu à peu un certain nombre de médecins qui étaient représentés ici ce soir par le Dr Queyrat, des hommes comme le professeur Landouzy, le professeur Gaucher, comme le Dr Augagneur, comme M. Gailleton, qui nous ont apporté la contribution de leur science et de leurs efforts.

A cette grande tâche que nous avions entreprise, un troisième bataillon ou plutôt un corps d'armée qui aurait dû prendre place depuis longtemps dans les rangs des abolitionnistes, et ne pas se contenter des efforts individuels qu'ont fait un certain nombre de ses membres, est venu s'adjoindre. Je veux parler du parti auquel j'ai l'honneur d'appartenir, des principes duquel je me revendique, je veux parler du parti socialiste. (*Applaudissements.*) Dans le programme, je dirais dans la théorie du parti socialiste figure la condamnation du système de la police des mœurs et du régime de la Réglementation. Un grand nombre des membres de ce parti se sont prononcés individuellement contre ces scandales. Jaurès, récemment, écrivait une lettre pour donner son adhésion pleine et entière à cette grande entreprise. Mais je dois constater néanmoins que, comme parti, par une sorte de crainte de tomber dans ce qu'on appelle le moralisme pur, de même que nous avons négligé à certain moment la lutte nécessaire contre l'alcoolisme, nous avons négligé aussi la lutte nécessaire contre la police des mœurs; et c'est, à mon sens, une défaillance, pour des raisons d'ordre social sur lesquelles j'aurai l'occasion d'insister davantage tout à l'heure.

Le moment semble singulièrement propice pour reprendre la bataille et nous y jeter tout entiers. Malgré tout, notre cause a fait de grands progrès. Pendant longtemps il y a eu la période héroïque, durant laquelle il était vraiment difficile, non seulement pour une femme, mais même pour un homme un tant soit peu anxieux de l'opinion de se jeter dans le combat; vraiment il y a des personnes qui ont éprouvé à ce moment tout ce que peuvent les préjugés de la société, et dont on ne saura jamais estimer trop haut le courage. Puis il a semblé qu'on commençait à ébranler l'opinion ; on commençait à comprendre qu'il y avait là une grande question morale, une grande question sociale, une grande question légale ; nos adversaires se sont peu à peu inquiétés, troublés, émus. Ils ont compris que nous étions une grande force ; ils ont trahi l'état d'inquiétude dans lequel ils se trouvaient, et ils ont essayé de modifier sur certains points leur défense ; ils ont essayé de jeter — un peu tard — les bases légales d'un système dont ils avaient longtemps prétendu qu'il était légal ; ils ont fait par là même l'aveu qu'il n'est pas légal ; ils ont essayé de substituer de nouveaux fondements aux fondements ruineux sur lesquels il était édifié ; mais par une contradiction impardonnable au moment où ils en recherchent la légalisation, ils pratiquent un système dont ils sont forcés de confesser qu'il est illégal.

C'est sur ce premier terrain que je voudrais me placer. La démonstration a été faite cent fois ; elle l'était encore tout à l'heure par notre président, je ne crois pas qu'on puisse la contester : le système de la police des mœurs et de la Réglementation, tel qu'il existe en France, est foncièrement illégal.

M. Yves Guyot rappelait tout à l'heure la réponse étrange, paradoxale, que lui faisait le Préfet de police Voisin, quand il invoquait les Capitulaires de Charlemagne. On ne s'est pas contenté de cela ; on n'est pas remonté toujours si haut ; on a prétendu s'appuyer sur l'ordonnance de 1778, de Lenoir, et sur certains textes soit du Code pénal, soit des lois révolutionnaires. On a prétendu qu'un article du Code pénal joint à certains articles de la loi municipale de 1790 donnait le droit d'ériger ce système qui fonctionne depuis 1802.

Mais, malheureusement, la Révolution ne pensait pas ainsi, nous avons un document qui est décisif à cet égard. Un jour le Directoire a jugé bon, nécessaire, d'adresser un message au Conseil des Cinq-Cents, dans lequel il est reconnu expressément qu'il n'y avait aucune base légale au système qui pouvait fonctionner à ce moment; il demandait une consécration légale, il ne l'a pas obtenue... Les défenseurs du système de la Réglementation ont bien prétendu qu'à un certain moment il y avait eu dans l'assemblée des Cinq-Cents des mouvements divers; et que cela suffisait à sanctionner le régime. En réalité un vote exprès a proclamé illégal à nouveau le système de la police des mœurs.

En fait, c'est en 1802 qu'est né ce système, de la pensée de deux honorables individus, dont vous parlait tout à l'heure notre président, et je dirai aussi de la pensée du Premier Consul, parce qu'en réalité rien n'était en sympathie avec sa façon de concevoir le gouvernement des hommes comme cette espèce de concordat de la prostitution intervenant au moment même où il signait avec l'Église, son autre concordat. Depuis lors, nous en sommes restés, au point de vue légal, au point ou on en était en 1802. Il y a des textes divers, il y a des arrêtés des préfets de polices, il y a des règlements qui ont été rendus soit sous la Restauration, soit sous la monarchie de Juillet, soit sous la République, mais aucun texte de loi qui fonde ou qui permette l'existence de ce système. Cela est si vrai qu'on en a fait l'aveu public, soit dans des discussions qui ont eu lieu à l'Académie de Médecine, soit même dans le grand débat qui a eu lieu au Sénat en 1895, quand on a essayé de donner une base légale au régime de la police des mœurs.

On s'est préoccupé à cette époque — et vainement — de réfuter l'un de nos arguments et de donner une consécration légale à ce qui n'en a pas eu depuis un siècle. Je n'hésite pas à dire que, quand même on y réussirait, il y a là quelque chose d'absolument contradictoire, et qu'on ne poura jamais établir l'arbitraire par une législation. D'ailleurs si l'on établissait — ce que je crois chimérique au premier chef — par un texte de loi un régime analogue, identique à celui qui prévaut à Paris et dans toute la France, il n'en subsisterait pas moins que ce régime, qui n'est pas seulement illégal, est souverainement anticonstitutionnel, qu'il est contraire à tous les principes fondamentaux sur lesquels repose la société politique française. Est-ce qu'il ne viole pas la Déclaration des Droits de l'homme par exemple, par les arrestations arbitraires qui se font, non pas dans les formes prévues par la loi, mais suivant le bon plaisir d'un chef de bureau et d'un policier? Est-ce qu'il ne la viole pas également, par la méconnaissance du principe de la séparation des pouvoirs, qui voudrait que ce fût la justice, que ce fût le tribunal qui prononçât au lieu de chefs de bureau ou d'une commission de policiers? Est-ce qu'il ne la viole pas en établissant des peines sans qu'il y ait des textes de loi derrière ces peines? Et s'il y a un principe essentiel, formulé au commencement du Code pénal, et qui est même dans la déclaration des Droits de l'homme, n'est-ce pas qu'aucune peine légale ne peut être prononcée sans qu'un texte de loi l'ait d'abord établie?...

Sur tous ces points le système de la police des mœurs, quand bien même il ne serait pas ce qu'il est aujourd'hui, quand même la législation l'aurait consacré, ne pourrait exister, parce qu'il serait attentatoire aux principes fondamentaux de la société française. Voilà deux points que nous avons le droit de retenir : d'une part, le régime n'est pas légal, de l'aveu même de nos adversaires, et d'autre part, — et c'est une constatation contre laquelle personne ne pourra s'élever — il est en contradiction formelle avec les bases de notre société.

Mais ce n'est pas tout : ce régime illégal, anticonstitutionnel, il est inique, et c'est un système d'inégalité. D'abord au point de vue du sexe. C'est un sexe tout entier, dans la personne d'une certaine catégorie, qui est frappé. Et sous quel prétexte? Est-ce parce qu'il s'agit de prostitution? Mais c'est un acte qui semble bien être bilatéral, c'est un acte dans lequel, si la femme se vend, il faut bien qu'il y ait un homme qui l'achète; et, à ce point de vue, on ne comprendrait pas pourquoi l'on frapperait celle qui se vend, et non pas celui qui achète. (*Applaudissements.*)

Est-ce au point de vue de la maladie et de la transmission de la maladie, puisque c'est sur ce terrain qu'on se place surtout? Ici encore nous pouvons faire la remarque que, s'il y a des femmes contaminées et qui contaminent, il a fallu qu'elles fussent elles-mêmes contaminées; elles ne se sont pas infectées elles-mêmes. (*Approbation.*)

Nous trouvons à cet égard des aveux très précieux sous la plume des défenseurs du système actuel; je veux parler du livre du Dr Commenge, dans lequel je trouve cette constatation que la classe des souteneurs forme une catégorie qui répand autour d'elle la syphilis, dans des proportions presque aussi considérables que celle des prostituées. C'est lui qui a noté ce fait d'un chef de service à Lourcine ayant à soigner six femmes contaminées par un seul souteneur; et pourtant on s'emparait de ces femmes, on les plaçait sous la prétendue protection ou plutôt sous la lourde tutelle de l'État; et les souteneurs restaient libres.

Mais, dit-on, c'est parce qu'il s'agit d'un métier. « Prenez garde, si c'est un métier, d'être amenés à frapper la prostitution, seulement quand c'est le besoin qui y amène, et jamais dans les hautes classes, quand elle n'a même pas l'excuse de la misère. (*Applaudissements.*) Prenez garde qu'ici encore vous avez affaire aux souteneurs qui exercent, eux aussi, eux surtout, un métier que le législateur a essayé, à certains moments, de réprimer, sans avoir jamais pu y réussir. Pourquoi? Il n'y a pas à en chercher les motifs bien loin : parce que ce sont les hommes qui font les lois, et que, s'ils consentent sans peine à prendre les femmes dans leurs filets, ils ne veulent pas s'y prendre eux-mêmes!... (*Applaudissements et rires.*)

Voilà bien l'inégalité au point de vue sexuel.

Même inégalité au point de vue de la richesse. La prostituée riche est parfaitement libre; la prostituée élégante peut se livrer impunément à son métier, à toutes les provocations; elle peut être aussi infectée et aussi infectante que possible, personne n'ira l'arrêter ni la mettre à Saint-Lazare... (*Approbation.*)

Donc, inégalité, inconstitutionnalité, illégalité. Et est-ce que ce système n'entraîne pas des conséquences qui sont à la fois tellement nécessaires et tellement odieuses, qu'elles suffisent à le condamner? Est-ce que, par exemple, les défenseurs du système de la police des mœurs et de la Réglementation ne nous disent pas qu'ils ont un idéal, et que c'est là maison de tolérance, que c'est l'aboutissant nécessaire, que c'est là, en quelque sorte, la belle fleur qui doit s'épanouir sur tout ce fumier? Tellement que nous rencontrons constamment à l'heure actuelle des jérémiades, des doléances sur la diminution, la quasi disparition de ces intéressants établissements, dans la ville de Paris. M. Maxime Du Camp, cette belle âme, notait, en 1871, qu'il y avait 220 maisons; en 1880, il n'y en avait plus que 130. A ce moment il versait déjà un pleur sur cette réduction; à l'heure actuelle, il n'y en a plus que 57. Et tous les policiers et tous les défenseurs du système vous diront que c'est un grand malheur. Qu'est-ce pourtant qu'une maison de tolérance? Ne savons-nous pas que ceux qui les dirigent, les tenanciers, sont des personnages patentés, respectés, qui ont un rang dans l'État, qui sont presque des fonctionnaires, qui sont généralement très conservateurs, très pieux, qui sont très charitables, qui sont le plus souvent très patriotes!... (*Rires et applaudissements.*) Tant qu'existera cette catégorie de fonctionnaires créée par l'État, préposés en quelque sorte à la débauche publique, la corruption qui est propagée par l'existence seule de ces maisons, se répandra partout. C'est la corruption de l'agent de police chargé de sa surveillance, c'est, osons le dire, très souvent la corruption du médecin qui consent à participer à cet odieux régime... Si vous avez lu le rapport si intéressant, si plein de faits du maire de Salins, vous aurez pu voir ce que peut devenir un policier au contact d'une maison de tolérance. Vous aurez vu un commissaire de police ne se contenter pas de se faire le pourvoyeur, le protecteur de la tenancière de la maison, mais osant entrer en lutte contre le maire de Salins, osant annuler un procès-verbal que ce magistrat avait cru devoir faire dans une certaine circonstance, et il a fallu la croix et la bannière, presque une révolution municipale pour que le maire de Salins, obstiné au bien, pût briser cet instrument indocile, qui s'était laissé corrompre et dégrader par le contact d'une tenancière, avant de pouvoir fermer la maison elle-même.

Et quand nous pénétrons dans la maison, quel est le régime qui y prévaut? C'est d'abord l'esclavage de ces malheureuses qui, une fois entrées, peuvent bien laisser derrière elles l'espoir de sortir ; on devrait inscrire sur la façade le mot du Dante : *Lasciate ogni speranza ;* elles y sont retenues par tous les moyens. Vous trouverez dans le rapport du maire de Salins des détails sur ce sujet; on les enchaîne en quelque sorte par la dette ; on leur refuse la sortie libre ; on leur retire leurs effets ; on les tient dans la dépendance étroite du tenancier ; comble d'infamie! A certains moments, nos policiers et notre justice interviennent pour maintenir ces esclaves dans la dépendance de leurs maîtres. Et, pour recruter au profit de ces bagnes nouveaux, il faut ce qu'on a appelé la traite des blanches ; il faut ce crime contre quoi les États civilisés s'émeuvent, car, par une étrange contradiction, nous rassemblons des conférences, elles siègent au Ministère des Affaires étrangères, elles font une besogne qui peut être bonne en principe, et elles ne se doutent pas que leur œuvre est nulle, annulée d'avance en quelque sorte par l'existence du régime de la police des mœurs, et de la Réglementation.

Autre conséquence fatale, nécessaire, indispensable, du régime de la police des mœurs : l'inscription des mineures. Ah! voilà un scandale, pourtant, qui devrait soulever l'indignation publique. Vous allez compulser le registre sur lequel sont portés les noms des prostituées, que l'État reconnaît comme telles, à qui il en a donné le brevet ; et vous y trouvez jusqu'à des enfants de treize ans !

Cette question a beaucoup préoccupé les hommes chargés de présider à l'Administration de la police des mœurs. Il n'est pas un préfet de police à Paris depuis Delavaux, en 1822, qui, quand il commence sa gestion, ne se soit demandé si véritablement il ne devait pas mettre un terme à un pareil abus et remonter plus haut l'âge de l'inscription. Tous ont commencé par dire : « Pas d'inscription avant dix-huit ans. » Puis le régime fonctionnait sous leurs yeux, eux-mêmes se dégradaient par la part qu'ils y prenaient. Un an, deux ans ne s'étaient pas écoulés qu'ils signaient l'inscription d'enfants de quatorze et de quinze ans. Et qu'on ne dise pas que ce sont des phénomènes tout à fait exceptionnels. Je ne dis pas qu'il y a des centaines d'enfants de cet âge, qu'il y en a plus ou même autant que de prostituées plus âgées; mais enfin, si nous prenons les chiffres officiels, et soyez sûrs qu'on n'a pas exagéré, nous constaterons qu'à Paris, il y a par exemple, 10 ou 12 mineures de quinze ans; ailleurs nous constaterons qu'on a inscrit dans des maisons de province des enfants de quatorze et treize ans; même douze ans! (*Exclamations.*)

Voilà ce que représente la moralité officielle chez nous; voilà la conséquence nécessaire de ce régime qu'on vous présente comme le palladium de la moralité publique.

Si tout cela se faisait dans l'intérêt réel de ce qui en est le prétexte, pour l'utilité publique; s'il résultait de cet abominable régime que la contagion de la syphilis s'arrêtât, que la santé publique fût améliorée, je le dis hautement, quant à moi, cela ne me suffirait pas pour souscrire à un pareil régime. Je ne crois pas qu'il puisse y avoir une morale contre la morale, un droit contre le droit, et que l'État puisse devenir lui-même le violateur, le contempteur de toutes les règles de la conscience. Mais nous sommes bien à l'aise à cet égard. Si je ne suis pas de ceux qui répètent cette formule, après tout imbécile, que l'on nous prête si volontiers à nous, suspects d'idéalisme : « périssent les colonies plutôt qu'un principe », c'est parce que je trouve qu'on peut la renverser et qu'il faut dire : « sans les principes les colonies périssent ». Si nous examinons l'état réel de la santé publique, nous constatons que ce régime, et tous les sacrifices qu'il a imposés au droit, à la morale, a abouti à quoi ? A la faillite Et cela par des raisons scientifiques qui vous ont été exposées tout à l'heure par mon honorable collègue, bien mieux que je ne saurais le faire.

Pourtant, je voudrais indiquer rapidement les raisons principales de cette banqueroute sanitaire du système de la police des mœurs.

Il y a tout d'abord la proportion de ce qu'on appelle les insoumises aux filles inscrites. Le Préfet de police, récemment, disait qu'il y avait à Paris 80.000 filles insoumises, contre peut-être 6.000 inscrites. Vous voyez la proportion. Le Dr Ris, dans une comparaison fort ingénieuse, disait que c'était comme si on prenait à l'île de la Cité le petit bras de la Seine, si on le purifiait, en laissant le grand bras tel qu'il est, puis si on allait puiser de l'eau au dessous en disant qu'elle est purgée de tout mélange impur et ne peut nuire à la santé des consommateurs.

Le public s'imagine que l'État lui garantit, lui brevète la sécurité des rapports sexuels dans la prostitution. Il ignore les modalités du système : rappelez-vous l'anecdote, que nous racontait M. le Dr Queyrat, de ce jeune homme qui avait demandé à une femme de lui montrer sa carte, celle-ci était rouge, la femme la montre, le jouvenceau se croit protégé, et s'infecte. Il y a des cas, plus fréquents encore, dans lesquels on ne demande pas la production de la carte. On vit sur la foi des traités. Il y a donc une duperie de ce côté. Mais, à supposer qu'il existe un jeune homme avisé et prudent qui voudrait se conformer, non aux lois de la morale, mais aux règles de la police des mœurs, et qui ne voudrait avoir de rapports qu'avec des prostituées qui lui seraient présentées et garanties par l'État, à supposer que ce jeune homme intéressant agit de cette façon, il pourrait encore, ou plutôt il devrait être dupe. En effet, à supposer que la femme, réellement, subisse l'épreuve qui lui est imposée, et qui est la visite, aussi souvent qu'on la lui demande, tous les médecins sont d'accord pour dire que cette visite de quinzaine ou cette visite hebdomadaire est radicalement insuffisante; qu'il y a trop de temps entre les visites, qu'il faudrait les doubler, ou même les multiplier. Puis il y a les fraudes. On a proposé de substituer à la carte une sorte de livret individuel avec la photographie, parce qu'il y a des filles — bonnes filles entre elles — qui se prêtent à la visite, se substituant à une de leurs amies, quand elles sont indemnes et que l'amie ne l'est pas. Et aussi, parce qu'il y a d'autres moyens plus difficiles à indiquer, des artifices habiles pour dissimuler à la visite l'état réel. De plus, on a indiqué l'impossibilité absolue, dans les conditions où fonctionne le dispensaire, d'un examen sérieux. Il est impossible, je l'affirme, en examinant je ne sais combien de centaines de filles par heure, qu'on puisse se livrer, je ne dis pas à l'examen minutieux dont parle avec tant d'assurance M. le Dr Commenge, mais même à un examen sérieux, à un examen qui ne soit pas une mauvaise plaisanterie.

Pour toutes ces raisons, ce régime infâme que je vous signalais, ce régime qui inflige de tels démentis aux lois de la conscience, qui déshonore l'État qui le pratique, n'est pas même un régime utile, c'est purement et simplement une illusion, un trompe-l'œil, une duperie. (*Applaudissements.*)

Et ce n'est pas seulement une duperie pour les raisons que je vous ai indiquées: cela a une conséquence bien plus grave. Cela brise le frein intérieur, cela détruit l'idée de la responsabilité, cela sépare la responsabilité de l'acte commis, chez l'homme. Enfin, on vous l'indiquait tout à l'heure, chez les femmes, il y aurait une chose essentielle à l'heure actuelle, ce serait de développer dans leur esprit les préoccupations hygiéniques et sanitaires ; de les diriger, aussitôt qu'elles sentent la moindre atteinte d'un mal de ce genre, vers des dispensaires. Or, vous savez qu'elles les ont en horreur, qu'elles les fuient. Et pourquoi ? Parce qu'on a associé dans leur tête l'idée de répression à l'idée de soin, parce qu'on a greffé la prison sur le dispensaire. Et, par conséquent, on a obtenu un résultat directement contraire à celui qu'on poursuivait.

Telles sont les conditions dans lesquelles fonctionne à l'heure actuelle ce régime qu'on nous présente comme la garantie nécessaire de la santé publique en France. On en est venu à ce point que beaucoup de moralistes, défenseurs de ce système, beaucoup de légistes, beaucoup de policiers, soutiennent qu'il ne s'agit pas seulement d'un expédient, d'une exception, d'un régime transitoire et temporaire, mais que nous sommes arrivés à l'idéal, au point qu'il est inutile de rien changer. Il y a longtemps qu'on a déclaré que la prostitution était quelque chose d'absolu, d'éternel et d'immuable. On l'a souvent dit; on est remonté jusque dans l'antiquité pour affirmer la pérennité et la nécessité de la prostitution. Il est certain que la prostitution a fonctionné chez les hommes depuis peut-être le commencement du monde; mais il y a quelque chose de particulier dans l'état actuel, c'est le pharisaïsme, c'est l'hypocrisie que nous avons ajoutée au fonctionnement du système. Si on proclame qu'il y a, comme on l'a dit, des parias qui sont nécessaires à l'existence et à l'ordre d'une bonne société; si on affirme que la pureté du foyer domestique, que la vertu des familles, de nos femmes, de nos sœurs, de nos filles, repose sur le vice organisé, sur le vice enregimenté, sur le vice exploité d'une certaine catégorie de femmes : que du moins on ne les traite pas en parias, en esclaves, qu'on ne les mette pas hors la loi. Il y avait, sur certains points du monde antique, des temples dans lesquels des cultes bizarres exigeaient la présence de certaines prêtresses de la volupté, qu'on appelait hiérodoules, mais ces femmes on ne les traitait pas comme nous traitons pharisaïquement toute une catégorie du sexe, en la marquant au fer rouge du mépris, ou en la livrant à l'arbitraire de la basse police, tout en proclamant en même temps la nécessité de son existence.

A l'heure actuelle, en effet, les défenseurs du système de la police des mœurs en sont venus à de telles aberrations morales et intellectuelles qu'ils soutiennent que, non seulement leur système est le contrefort et le rempart de la vertu dans la société moderne, mais encore que ces malheureuses, ces femmes, mises en quelque sorte hors la loi, parquées dans un égout de notre société, ne sont pas les victimes des circonstances, qu'elles ne méritent aucune pitié, que c'est purement le vice, le goût spontané du mal qui les conduit là où elles sont.

Il est indispensable de s'élever contre une notion aussi brutale, aussi mensongère, aussi odieuse. Non, il n'est pas vrai, à l'heure actuelle, que ce soit le vice qui soit le plus grand recruteur de la prostitution. Non; tous ceux qui ont examiné notre état social actuel savent que le grand pourvoyeur de la prostitution, c'est l'état social lui-même; que c'est un état social dans lequel, les femmes touchant un salaire inférieur à ce qui est nécessaire pour les stricts besoins de la vie, on leur demande d'en aller chercher le complément dans la rue. (*Applaudissements.*)

Et, en vérité, je trouve que cela n'a rien de très étrange dans une société qui est constituée comme la nôtre, sur les bases sur lesquelles la nôtre est, à l'heure actuelle, fondée, dans une société que l'on peut bien qualifier, sans que je veuille donner un sens trop péjoratif à ce mot, de société mercantile. Dans cette société tout est devenu marchandise ; on ne s'applique plus à produire pour produire des utilités directes, mais pour des échanges, et, afin d'arriver non pas à satisfaire directement ses propres besoins, ou par troc les besoins d'autrui, mais la création d'une richesse purement commutative. Dans cette société nous en sommes venus à envisager comme une marchandise non pas seulement les objets, les matières premières, les produits fabriqués, mais le travail lui-même : plus que les bras de l'homme, l'homme lui-même. De sorte que, par une pente insensible, par une nécessité logique, nous en sommes venus à envisager les rapports sexuels comme une marchandise, la femme elle-même comme une denrée.

Je voulais vous citer à ce sujet les observations de Mlle Schirmacher, reproduites dans la thèse remarquable de M. Dolléans, et puisées dans l'enquête de l'*Office du travail*, sur les taux du salaire de la femme, en France. Dans soixante-dix départements sur quatre-vingt-six, le taux normal du salaire des femmes crée la nécessité inévitable pour elles de chercher un supplément à ce salaire dans le trafic de leur corps et dans la prostitution. J'ose dire que, dans ces conditions, la prostitution n'existe pas, comme on l'a dit, par le vice congénital d'une portion des femmes françaises ou de quelque nation que ce soit : la prostitution existe comme un effet pur et simple de cette grande cause : l'état social. En France, de plus, nous nous sommes appliqués à aggraver encore cet état et à rendre la prostitution je dirai plus facile et plus nécessaire, par certaines institutions et mœurs accessoires. Le mariage, par exemple, est toujours chez nous extrêmement retardé : chez les ouvriers il est tardif, pour des raisons très naturelles et très légitimes, parce que, pour fonder un foyer, on tient à avoir des ressources suffisantes, et qu'on ne les a pas toujours très tôt. Dans la bourgeoisie, le mariage est tardif parce que le mariage n'est pas ce qu'il devrait être, qu'il est la plupart du temps purement et simplement un contrat dans lequel on essaye de se procurer des avantages matériels le plus grands possibles, et on attend alors le plus tard possible pour contracter une union avantageuse.

Et est-ce que le régime militaire, qui est imposé à la France actuelle, n'entraîne pas un développement, un accroissement nécessaire de la prostitution ? Comment la jeunesse oisive des casernes ne se ruerait-elle pas à ces plaisirs faciles ? Ne savons-nous pas qu'à l'heure actuelle nous avons affaire à une trinité maudite contre laquelle nous devons lutter sans relâche : la caserne, la syphilis et l'alcool ! (*Applaudissements.*)

Il est donc indispensable que, non pas seulement ceux qui se réclament à l'heure actuelle d'un parti comme le parti socialiste, mais tous ceux qui ont compris la gravité de la question qui s'agite devant nous ce soir, qui sentent ce que c'est qu'une question morale de cet ordre, et que, si elle n'est pas résolue dans un sens ou dans l'autre, c'est la France elle-même, c'est l'âme et c'est le corps de la France qui sont en jeu, tous ceux-là forment une sainte alliance, une ligue du bien public contre cette trinité maudite.

Je suis d'avis, et tout ce que j'ai dit ne va qu'à le prouver, qu'il n'y a pas à l'heure actuelle campagne plus utile, plus nécessaire, plus indispensable, que celle qui est engagée depuis si longtemps par les fondateurs de la *Fédération internationale*, et à laquelle quelques-uns d'entre nous se sont ralliés si tard. Cette question a pris, dans ces dernières années, un caractère d'urgence plus grand que jamais ; il faut, comme le disait tout à l'heure M. Wagner, ne pas se contenter de prononcer un *Delenda Carthago ;* il faut ne pas se contenter de faire chacun à part notre effort personnel, d'apporter le concours de nos sympathies parfois muettes, toujours insuffisantes ; il faut qu'on sente, à l'heure actuelle, une grande armée constituée, résolue à ne pas se reposer avant d'avoir fait disparaître cette iniquité de notre organisation sociale.

On nous dit : « Faites attention ; il y a dans toutes les sociétés, dans toutes les nations, des régions de clair-obscur, des parties honteuses, sur lesquelles on ne peut porter les regards du public. On a autrefois essayé de détourner les honnêtes femmes de l'étude de ces questions, en leur disant que leur délicatesse devait s'en effaroucher, et qu'elles ne devaient pas se souiller en entrant dans un pareil contact ; que ce serait se flétrir elles-mêmes que de prendre part à cette grande lutte. Il y a eu des femmes héroïques qui ont su dès le premier jour vaincre ce préjugé, qui se sont jetées dans cette bataille, et je ne sache pas qu'elles aient perdu un titre quelconque au respect de ceux qui savent penser. (*Applaudissements.*) Mais, aujourd'hui, après les leçons que nous avons reçues depuis quelques années, nous avons appris qu'il n'était jamais indifférent pour l'ensemble de la nation, pour l'ensemble de la société, de laisser s'accomplir une iniquité ou même de laisser violer les formes de la loi; qu'il n'est jamais indifférent pour l'ensemble d'une nation de laisser subsister une juridiction d'exception; nous avons appris cela au prix de douloureuses et tragiques épreuves, nous avons proclamé cette vérité dans ce qu'on a appelé l'Affaire, il est temps que nous en tirions des conclusions dans tous les domaines et en particulier dans cette autre grande Affaire qui s'appelle la lutte contre la police des mœurs.

Nous ne pouvons laisser subsister cette juridiction d'exception, ces commissions qui siègent dans un coin de la Préfecture de police; c'est un chef de bureau, assisté d'un commissaire enquêteur, c'est, dans certains cas, quand il s'agit d'enquêtes plus particulières et plus délicates, une commission composée d'un délégué du Préfet de police, d'un chef de bureau, d'un commissaire enquêteur, et de deux commissaires de police de la ville de Paris... Je vous demande quelles garanties un accusé trouve dans ces bureaux, et dans quel coin ou recoin de notre législation on a trouvé le titre juridique de cette juridiction, et s'il est possible que, dans une démocratie, une institution de ce genre fonctionne sans l'assentiment de la loi et contre la loi, sous nos yeux et avec notre complicité. Nous ne pouvons admettre qu'on viole tous les jours, par centaines, par milliers de cas, les lois fondamentales de la République, qu'on déchire tous les jours la Déclaration des Droits de l'homme, nous ne pouvons admettre qu'il y ait dans la société, une catégorie de parias qui soient hors la loi, parce qu'en soi cela est infâme, inique, et parce qu'il y a la contagion du mal, que la pourriture engendre la pourriture, que la prostitution entraîne et multiplie la prostitution ; l'iniquité, elle aussi, engendre l'iniquité et la répand dans la société tout entière.

A mes yeux l'une des particularités essentielles les plus encourageantes, d'une fédération comme la nôtre, c'est qu'elle est en dehors et au-dessus des partis proprement dits. Je vous rappelais qu'elle avait été fondée par des hommes profondément religieux, par des gens qui entendaient pratiquer sérieusement leur religion, qui professaient un christianisme conforme au christianisme de l'Évangile et du Christ. A côté d'eux il s'est trouvé des libres penseurs et des libéraux, des hommes de science. Il faut qu'à l'heure actuelle il s'y trouve aussi le parti socialiste, qu'il s'y trouve des hommes qui ont la conviction que la société ne peut se fonder sur l'iniquité, que nous ne pouvons tolérer un État qui serait purement et simplement un organe pour la protection des forts contre les faibles, alors qu'il doit au contraire être l'organe des intérêts généraux, collectifs, le champion des faibles contre les forts, l'instrument de la justice. Nous qui voulons que l'État joue un grand rôle, qui voulons donner à l'État certaines attributions que l'école libérale lui refuse, nous n'avons pas le droit de laisser l'État, même bourgeois, même capitaliste, se déshonorer, se souiller en mettant sa main dans cet engrenage maudit. Nous n'avons pas le droit de permettre à l'État de flétrir l'autorité morale, le bon renom de la République Française. Nous voulons que l'on ne puisse pas dire que c'est avec l'autorisation du Gouvernement de la République, que c'est par la faute des Assemblées républicaines, que c'est avec la complicité de ceux qui se réclament de la Révolution que tout en badigeonnant la façade de la Préfecture de police et en y inscrivant, comme par une sorte de dérision ces mots : Liberté, Égalité, Fraternité, on institue et on maintienne par derrière toutes les abominations de ce cloaque qu'on appelle la police des mœurs. (*Longs applaudissements.*)

CONCLUSIONS DE M. YVES GUYOT

MESDAMES, MESSIEURS,

Je n'ai pas besoin de dire à M. de Pressensé le plaisir que vous avez eu à écouter son éloquent discours. Vos applaudissements le lui ont suffisamment prouvé.

L'ordre du jour est épuisé et je ne saurais mieux terminer cette séance qu'en vous lisant la déclaration de principes contenue dans l'article 3 des statuts de la *Fédération* :

ART. 3. — Tous les groupes, comités ou sections de la *Branche française* adoptent les principes de la *Fédération abolitionniste internationale* qui sont les suivants :

« La Fédération revendique, dans le domaine spécial de la législation en matière de mœurs, l'autonomie de la personne humaine, qui a son corollaire dans la responsabilité individuelle.

« D'une part, elle condamne toute mesure d'exception appliquée sous prétexte de mœurs ;

« D'autre part, elle affirme qu'en instituant une Réglementation qui veut procurer à l'homme sécurité et irresponsabilité, l'État, bouleverse la notion même de responsabilité base de toute morale.

« En faisant peser sur la femme seule les conséquences morales d'un acte commun, l'État propage cette idée funeste qu'il y aurait une morale différente pour chaque sexe.

« Constatant que le simple fait de prostitution personnelle et privée ne relève que de la conscience et ne constitue pas un délit, la *Fédération* déclare que l'intervention de l'État en matière de mœurs doit se limiter aux points suivants :

« Punition de tout attentat à la pudeur, commis ou tenté contre des mineurs ou des personnes de l'un ou de l'autre sexe assimilées aux mineurs. Chaque législation paritculière doit déterminer exactement la limite et les conditions de cette minorité spéciale;

« Punition de tout attentat à la pudeur accompli ou tenté par des moyens violents ou frauduleux contre des personnes de tout âge et de tout sexe;

« Punition de l'outrage public à la pudeur;

« Punition de la provocation publique à la débauche et du proxénétisme, dans celles de leurs manifestations délictueuses qui peuvent être constatées sans prêter à l'arbitraire et sans ramener, sous une autre forme, le régime spécial de la police des mœurs.

« Les mesures prises à cet égard doivent s'appliquer aux hommes comme aux femmes.

« Toutes les fois que le proxénétisme tombe sous le coup de la loi, ceux qui paient les proxénètes et profitent de leur industrie doivent être considérés comme complices.

« La *Fédération* déclare donc que l'État ne doit ni imposer à une femme quelconque la visite obligatoire, sous prétexte de mœurs, ni soumettre la personne des prostituées à un régime d'exception quelconque. »

Ces statuts résument l'ordre du jour que

nous vous demandons de voter aujourd'hui. (*Applaudissements unanimes et répétés.*)

Et maintenant, Mesdames et Messieurs, il me reste une prière à vous adresser : il ne faut pas que la question de la police des mœurs soit seulement soulevée à propos d'incidents comme ceux qui se sont passés le mois dernier. Si nous voulons accomplir une réforme, si nous ne voulons pas seulement déplacer des Préfets de police, ou faire révoquer quelques fonctionnaires, il faut que nous nous attaquions à cette question d'une manière abstraite, en dehors des phénomènes concrets qu'elle peut produire.

Les Anglais, il faut bien le dire, ont montré leur supériorité relativement à nous dans leurs mœurs politiques à l'égard de cette question. En 1866, ils ont établi le régime des *Contagious diseases acts.* Ce régime fut mis en vigueur en Angleterre dans 14 stations ; en même temps on suivait ses effets au point de vue de la statistique dans autant de stations maritimes et navales. En 1879, une grande Commission d'enquête fut nommée, dont était président M. James Stansfield, premier président de la *Fédération internationale*. Cette Commission travailla pendant trois ans; elle a produit trois gros volumes, et jamais dans les discussions qui ont eu lieu à l'Académie de médecine, on ne s'est référé aux travaux de cette Commission. Quand j'en ai parlé, elle a toujours paru indigne de l'attention des médecins français... Ce rapport fut déposé en décembre 1882. Le 20 avril 1883, une grande discussion s'engagea à la Chambre des Communes, et, à partir de ce moment, la visite obligatoire fut supprimée; les *Contagious diseases acts* furent abolis d'une manière définitive en 1886.

J'espère qu'en vous groupant autour de la *Fédération*, vous arriverez à constituer un mouvement continu d'opinion publique, qui fera résoudre la question de la police des mœurs en France comme elle a été résolue en Angleterre. (*Applaudissements.*)

APPENDICE

Nous donnons à titre de renseignement documentaire le rapport que M. Combes, quelques jours après notre Assemblée générale, adressait au Président de la République, sur le régime de la police des mœurs. Nous y ajoutons également la liste des membres de la Commission extra-parlementaire, la réponse de M. Yves Guyot au Président du Conseil et le jugement du tribunal de Lyon dans l'affaire Favre. Nous reproduisons enfin les conclusions du rapport que M. Turot a présenté récemment au Conseil Municipal de Paris.

LE RÉGIME DES MŒURS

RAPPORT ADRESSÉ PAR M. COMBES

MINISTRE DE L'INTÉRIEUR

A M. LE PRÉSIDENT DE LA RÉPUBLIQUE

MONSIEUR LE PRÉSIDENT,

Des incidents d'autant plus regrettables qu'ils n'ont pas été isolés, mais se sont, au contraire, produits, et presque simultanément, dans des localités différentes, ont profondément ému l'opinion et ramené l'attention publique sur la grave question du régime et du service des mœurs dans notre pays.

On n'a pas trouvé jusqu'ici une solution satisfaisante de cette question complexe, si souvent discutée, et qu'envisagent, à des points de vue différents, l'hygiéniste, le moraliste, le sociologue, le juriste et l'administrateur.

A aucune époque, cependant, elle n'a autant préoccupé les esprits ni soulevé autant de discussions approfondies et passionnées, soit dans des Congrès nombreux tenus en France et à l'étranger, soit dans le sein de ligues ou de Sociétés poursuivant avec ardeur la recherche de la meilleure prophylaxie sanitaire et morale et la victoire pour le système qui a leurs préférences.

Sans passer en revue toutes les critiques dont le régime français a été tant de fois l'objet, je me bornerai à rappeler que l'on a contesté non seulement la légalité, mais encore l'utilité de la réglementation administrative; et que, faisant un pas de plus, bon nombre de personnes allèguent que cette réglementation, par l'illusoire sécurité dont elle donne l'espoir, par la terreur qu'elle inspire, va directement à l'encontre des intérêts qu'elle se propose de sauvegarder.

Des récriminations fondées sur des motifs d'un ordre tout différent se sont fait aussi entendre, et voici que les représentants d'une école, dont l'influence n'a cessé de grandir depuis quelques années, dénoncent l'asservissement de la femme, en raison du métier qu'elle exerce, comme offensante pour la personnalité humaine, comme constituant une injustice sociale, comme contraire au droit, à la morale et même à la protection efficace de la santé publique.

Ceux qui formulent ces critiques, quels que

soient les motifs qui les inspirent, se prononcent pour une réforme intégrale supprimant purement et simplement toute réglementation et tout service des mœurs. Ils poursuivent, en réalité, l'émancipation de la femme actuellement placée sous un régime d'exception et réclament pour tous le bénéfice de la liberté.

On peut rapprocher des partisans de cette solution, ceux qui soutiennent : qu'il n'y a pas de raisons décisives pour faire une place à part au péril vénérien résultant de la prostitution, ce péril ayant bien d'autres sources infiniment disséminées; et que le mieux est encore de rompre avec des errements surannés, froissant, sans grande utilité, tant de légitimes susceptibilités, pour rentrer dans le droit commun, qui sera, en l'espèce, le régime légal et uniforme de défense contre toutes les maladies contagieuses, et dont l'efficacité se trouvera favorisée par la rigoureuse réparation du dommage causé à autrui.

Les détracteurs du régime en vigueur, les novateurs hardis dont je viens d'exposer les vues essentielles, sont combattus par un grand nombre de contradicteurs qui, sans contester certaines défectuosités de l'organisation actuelle, affirment que, dans leur principe, la réglementation et le service des mœurs, qui est chargé d'en assurer l'observation, sont indispensables et que les suppressions préconisées constitueraient une faute irréparable et une véritable calamité publique.

Il est difficile, disent-ils, de considérer autrement que comme un paradoxe l'opinion qui proclame que la réglementation est non seulement inutile, mais même nuisible à la santé publique.

En outre, le grief invoqué contre le système français et tiré de ce que le contrôle sanitaire n'englobe qu'un nombre restreint de personnes qui, en raison de leur métier, devaient y être assujetties, est par trop fragile. De ce qu'une institution ne procure pas intégralement les résultats qu'on peut en attendre, s'ensuit-il qu'il faille la condamner? Bien peu, à ce compte, devraient être maintenues. Au surplus, le nombre de femmes soumises au contrôle sanitaire s'élève à un chiffre trop considérable pour permettre d'établir que les dangers de contamination se sont atténués dans une mesure très large.

D'ailleurs, l'argument tiré du nombre des assujetties, comparé au nombre très supérieur de celles qui échappent au contrôle, n'a pas d'autre portée que de démontrer la nécessité d'une organisation plus vaste et plus sérieuse de la police des mœurs et qui contribuerait à assurer à la défense de la santé publique son maximum d'effet.

A ceux qui reprochent au régime en vigueur de concentrer les moyens coercitifs de prophylaxie exclusivement sur une catégorie de personnes placées ainsi hors du droit commun, il faut bien rappeler que la femme qui se livre habituellement à la prostitution publique est le principal foyer de contagion le plus actif et le plus redoutable. Sans doute elle ne constitue pas l'unique agent de propagation, mais aucun autre n'offre plus de danger; en sorte que la logique, comme la prudence, commande de la soumettre à un régime particulier adapté aussi bien aux risques résultant pour elle-même de son métier, qu'au péril imminent ou né qu'elle fait fatalement courir.

Les diverses considérations qui précèdent suffisent à démontrer, d'une part, les divergences profondes des opinions en présence, et d'autre part, l'extrême complexité du problème.

Tout en rendant hommage aux généreuses conceptions de ceux qui veulent affranchir la femme, même vivant dans l'opprobre, et la soustraire à toute contrainte comme à toute obligation particulière, nous estimons qu'il serait prématuré de les suivre dans cette voie. Passer brusquement de la réglementation séculaire à un régime de pleine liberté nous apparaît, jusqu'à plus ample informé, comme une expérience pleine de dangers et susceptible de troubler profondément les populations urbaines qui n'y sont nullement préparées. D'ailleurs, nos appréhensions trouveraient, s'il en était nécessaire, une ample justification dans ce fait, que la très grande majorité des nations de l'Europe continentale n'ont pas encore adhéré à la doctrine soutenue et propagée avec un zèle inlassable par les abolitionnistes.

Si nous reconnaissons que la prostitution ne rentre pas dans la catégorie des actes délictueux et qu'elle n'est justiciable que de la conscience individuelle; si nous ne contestons pas le droit pour l'être humain pleinement conscient de disposer de sa personne; par contre, nous estimons que l'exercice de ce droit peut être légitimement subordonné, dans l'intérêt général, à l'observation de certaines prescriptions.

Il n'y a rien d'excessif ni même d'insolite dans cette restriction à la liberté naturelle qui se rencontre à chaque pas dans notre droit public, n'épargnant, à des degrés divers, presque aucune des manifestations les plus louables de l'activité humaine.

Sans doute, la réglementation revêt, en la matière qui nous occupe, un caractère tout spécial et qu'on a qualifié d'exorbitant. Elle vise en effet et atteint gravement la personne; elle l'assujettit à un contrôle sanitaire anormal par sa nature et sa fréquence, et à des obligations exceptionnelles qui laissent subsister peu de liberté. Mais, dans notre conception, c'est la force des choses qui entraîne fatalement toutes ces mesures; c'est l'anomalie même du genre d'existence, comme de la mentalité des personnes en cause qui les justifient pour la sauvegarde autant de l'ordre public que de l'hygiène sociale.

Bien que convaincu de la nécessité de ne pas renoncer aux garanties même incomplètes que procure le régime de la réglementation, nous n'hésitons pas à admettre que ce régime, tel qu'il est compris et appliqué par la plupart des municipalités, présente des imperfections sérieuses et doit être sensiblement amélioré.

L'examen des règlements locaux fera ressortir ces imperfections, comme aussi l'excès de certaines mesures, et conduira à rétablir un plus juste équilibre entre les pouvoirs des maires et les droits qu'il convient de reconnaître même aux personnes privées les moins dignes.

Si l'autorité de police doit nécessairement intervenir pour combattre la prostitution clandestine qui se dérobe à tout contrôle et viole ainsi les prescriptions réglementaires, il importe au plus haut point de nettement définir sa mission d'utilité publique, de rechercher les moyens d'action dont elle peut disposer sans trop d'inconvénients, de déterminer les conditions que les agents auront à remplir pour être admis à exercer leur délicate surveillance.

On ne saurait étudier avec trop de soin ces questions, car les conséquences du fonctionnement de ce service sont d'une gravité exceptionnelle. Il aboutit, en définitive, si les déclarations des agents sont formelles et réitérées, si les preuves paraissent concluantes, et même parfois sans autant de prudentes réserves, à ranger la femme incriminée dans la catégorie des filles publiques par l'inscription sur les registres des mœurs.

D'ailleurs, cet enregistrement qui constitue une présomption de prostitution, ainsi que la procédure auquel il conduit, comportera une étude attentive et sans doute une réforme profonde. Il n'est plus possible qu'une pareille mesure soit prise, comme elle l'est encore aujourd'hui dans beaucoup de localités par un agent administratif disposant d'un pouvoir presque discrétionnaire. Et sans aller jusqu'à repousser toute autre solution que celle qui consisterait à confier à la seule autorité judiciaire le soin de prononcer l'inscription, tout au moins semble-t-il indispensable de n'accorder qu'au magistrat municipal lui-même, seul ou assisté de diverses autorités, le droit de prendre une décision, en l'obligeant à la motiver et après avoir entendu les moyens de défense de l'intéressée, tenue informée des recours qui lui sont ouverts.

Il ne sera pas moins indispensable de procéder à la revision des règlements en vigueur pour en éliminer les interdictions surannées ou inutilement vexatoires et, par-dessus tout, certaines dispositions édictées dans le but de maintenir la discipline chez les inscrits et d'assurer la rigoureuse observation des arrêtés municipaux.

Parmi les griefs articulés contre le régime français, il y en a peu d'aussi graves et d'aussi fondés que ceux tirés du caractère arbitraire de la répression administrative pratiquée par l'autorité de police. Le droit de punir, d'infliger des peines privatives de la liberté n'appartient dans notre législation moderne, qu'aux tribunaux ordinaires; et les femmes, même inscrites, ne sauraient à cet égard être placées en dehors du droit commun et privées des garanties organisées en faveur de tous les citoyens sans distinction de sexe ou de moralité. L'illégalité de la punition administrative n'a pas été dénoncée seulement par d'éminents juristes, mais aussi, et dès 1833, par un de mes prédécesseurs, le comte d'Agout, dont l'appréciation n'a rien perdu de sa valeur et de sa force.

« L'autorité civile, disait-il, ne peut ni faire punir administrativement les filles publiques, ni les détenir en prison; son action se borne à faire observer leur conduite, afin de les livrer à la justice si elles se rendent coupables de quelque délit ou contraventions caractérisées. »

Il ne faut pas tarder plus longtemps à opérer sur ce point une réforme radicale, qu'imposent des raisons supérieures de droit, de justice et d'humanité.

Le gouvernement a pensé que le soin de procéder à l'étude des questions si complexes et si variées que soulève le vaste problème du régime des mœurs, ne pouvait être confié qu'à une commission extra-parlementaire réunissant dans son sein les plus hautes compétences.

Bien qu'il ait cru devoir accuser nettement ses préférences, conformes, suivant lui, à l'intérêt public, il s'est, néanmoins, efforcé de faire preuve du plus large éclectisme, en groupant dans une même assemblée les représentants des opinions les plus opposées, et, parmi eux, les adversaires résolus de la réglementation, qui doivent pouvoir librement exposer et défendre leur doctrine.

Il serait téméraire d'essayer de dresser un programme détaillé et précis des travaux de cette commission. Aussi, nous bornerons-nous à ajouter quelques indications à celles que contient notre exposé sommaire et à signaler l'intérêt particulier que présentent les questions relatives aux filles mineures, à la radiation des inscriptions, au racolage sur la voie publique, aux sanctions qui pourraient être attachées à la contamination, à la diffusion de l'assistance des malades et des moyens de prophylaxie.

Le gouvernement est persuadé que les travaux de la commission aboutiront à des résultats féconds, et qu'ils montreront clairement la voie dans laquelle il convient d'orienter les solutions du problème pour assurer à la femme un sort meilleur, tout en donnant satisfaction aux exigences de l'ordre, de la morale et de la santé publique.

J'ai, en conséquence, l'honneur de soumettre à votre haute approbation le projet de décret ci-annexé portant nomination des membres de la commission extra-parlementaire du régime des mœurs, en vous demandant, si vous l'approuvez, de le revêtir de votre signature.

Je vous prie d'agréer, monsieur le Président, l'assurance de mon profond respect.

Le président du Conseil,
ministre de l'Intérieur et des Cultes,

E. COMBES.

RÉGIME DE LA POLICE DES MŒURS

COMMISSION EXTRA-PARLEMENTAIRE

Le Président de la République Française,

Sur le rapport du Président du Conseil, Ministre de l'Intérieur et des Cultes,

Décrète :

Article premier. — Une Commission extra-parlementaire est instituée au Ministère de l'Intérieur pour l'étude des questions relatives au régime des mœurs.

Art. 2. — Cette Commission est composée ainsi qu'il suit :

MM.

Bérenger, sénateur;

Le Dr Borne, sénateur;

Milliès-Lacroix, sénateur;
Pédebidou, sénateur;
De Sal, sénateur;
Sauvan, sénateur;
Strauss, sénateur;
Dauzon, député;
Le Dr Dubief, député;
Le Dr Dubois, député;
Colin, député;
Cruppi, député;
Fiquet, député;
D'Iriart d'Etchepare, député;
Jeanneney, député;
Le Dr Meslier, député;
Meunier, député;
Morlot, député;
Muteau, député;
Noulens, député;
De Pressensé, député;
Serres, député;
Dislère, président de la section de l'intérieur au Conseil d'État;
Flourens, conseiller d'État;
Atthalin, conseiller à la Cour de cassation;
Denis, conseiller à la Cour de cassation;
Feuilloley, avocat général à la Cour de cassation;
Le directeur des affaires civiles au Ministère de la Justice;
Le directeur des affaires criminelles et des grâces;

Gide, professeur à la Faculté de droit de Paris ;

Le Poitevin, professeur à la Faculté de droit de Paris ;

Le directeur du service de santé du Ministère de la Guerre ;

Le président du Conseil supérieur du service de santé de la marine ;

Le président du Conseil supérieur du service de santé des colonies ;

Le directeur de l'Assistance et de l'hygiène publiques ;

Le directeur de la Sûreté générale ;

Le directeur de l'Administration départementale et communale ;

Brunot, inspecteur général des services administratifs ;

Le Préfet de police ;

Le préfet du Nord ;

Le préfet des Bouches-du-Rhône ;

Le préfet de la Seine-Inférieure ;

Le préfet de la Loire ;

Le maire de Lyon ;

Le maire de Bordeaux ;

Le maire du Havre ;

Le maire de Nancy ;

Le maire de Brest ;

Desplas, conseiller municipal de Paris ;

Opportun, conseiller municipal de Paris ;

Turot, conseiller municipal de Paris ;

Le Dr Brissaud, professeur à la Faculté de médecine de Paris;

Le Dr Brouardel, professeur à la Faculté de médecine de Paris;

Le Dr Fournier, professeur à la Faculté de médecine de Paris;

Le Dr Gaucher, professeur à la Faculté de médecine de Paris;

Le Dr Landouzy, professeur à la Faculté de médecine de Paris;

Le Dr Langlet, professeur à la Faculté de médecine de Reims;

Le Dr Balzer, médecin des hôpitaux;

Le Dr Besnier, médecin des hôpitaux;

Le Dr Butte;

Le Dr Fiaux;

Le Dr Lucas;

Mme Avril de Sainte-Croix, publiciste;

Louis Comte, directeur du *Relèvement social;*

Brieux, publiciste;

Flachon, publiciste;

Yves Guyot, publiciste.

Art. 3. — Sont nommés :

Président de la Commission : M. Dislère, président de section au Conseil d'État.

Vice-présidents : MM. Bérenger, sénateur; Cruppi, député.

Secrétaire général : M. Hennequin, chef de bureau au Ministère de l'Intérieur.

Art. 4. — Rempliront les fonctions de secrétaire avec voix consultative :

M. Delaître, auditeur au Conseil d'État ;

M. Dolléans, docteur en droit, avocat à la Cour d'appel ;

M. Brausoulié, rédacteur principal de 1re classe au Ministère de l'Intérieur.

Art. 5. — Le Président du Conseil, Ministre de l'Intérieur et des Cultes, est chargé de l'exécution du présent décret.

Fait à Paris, le 18 juillet 1903.

Émile Loubet.

Pour le Président de la République :

Le Président du Conseil,
Ministre de l'Intérieur et des Cultes,

E. Combes.

NOTE

En nommant cette commission, M. le Président du Conseil n'a pas dissimulé qu'il lui avait assuré une majorité favorable à la Réglementation. Il dit, à la fin de son rapport :

« Bien qu'il ait cru devoir accuser nettement ses préférences, conformes, suivant lui, à l'intérêt public, il s'est, néanmoins, efforcé de faire preuve du plus large éclectisme, en groupant dans une même assemblée les représentants des opinions les plus opposées, et, parmi eux, les adversaires résolus de la Réglementation qui doivent pouvoir librement exposer et défendre leur doctrine. »

Nous devons remercier le Président du Conseil de cette franchise : il prévient les abolitionnistes qu'ils seront battus. Au vote, ils doivent être en minorité.

Mais, en même temps, il en a appelé un certain

nombre à siéger dans la Commission pour qu'ils « puissent exposer librement et défendre leur doctrine ».

Donc, le rapport même de M. le Président du Conseil les garantit contre les tentatives d'écrasement que la majorité pourrait exercer à leur égard. Les partisans de la Réglementation sont en majorité, mais ils doivent écouter et les séances doivent laisser une trace : celle des discussions qui auront eu lieu. Par conséquent, des procès-verbaux sténographiques sont nécessaires; ils ne sauraient être destinés au huis clos ; ils doivent être publiés.

Nous, abolitionnistes, nous n'avons donc pas à manœuvrer dans le but de nous assurer des succès partiels et de transaction qui pourraient constituer des précédents qu'on retournerait contre nous. Nous sommes en minorité. Voilà le fait brutal.

Mais nous devons demander des enquêtes : et c'est ce qui a été fait dès la première séance.

Les partisans de la Réglementation savent si bien qu'elle ne peut résister à l'étude des faits qu'ils ont voté contre l'enquête, et ils avaient eu la majorité.

Il a fallu que M. Bulot, le procureur général de la Seine, leur montrât les conséquences de ce vote étouffoir. Ah! vraiment, ces fonctionnaires interprétaient d'une singulière façon la conception de M. le Président du Conseil. Là où il avait annoncé la discipline, ils mettaient la guillotine sans phrase.

— Allons! pas tant d'explications! à la visite, et en carte, et en prison, et pas de rouspétance!

Ils prenaient l'intellect de l'agent des mœurs pour le défendre.

C'était trop choquant. Ils ont dû admettre l'enquête. Il ont dû admettre que M. Augagneur ferait un rapport au point de vue de la prophylaxie, et l'on sait qu'il est un adversaire de la Réglementation.

Chose curieuse! M. Fournier, en face d'un médecin éminent, affranchi de l'influence qu'il exerce dans certains milieux médicaux à Paris, ne voulait pas faire un rapport en sens contraire. Il ne s'y est résigné qu'en sentant le ridicule où il se trouverait placé, s'il persistait dans son abstention.

Enfin, M. Meunier, député, s'est chargé de faire un rapport préalable contre la police des mœurs : et personne n'a revendiqué l'honneur d'en faire un en sa faveur.

A l'unanimité, la Commission a voté que la prostitution n'était pas un délit.

On voit que la Commission a employé utilement sa première séance.

COUR D'APPEL DE LYON (3e Ch.)

(AUDIENCE DU 28 JANVIER 1904)

PRÉSIDENCE DE M. DEVIENNE

Dlle FAVRE CONTRE MAS, PILOT ET PERRIN

La 3e chambre de la Cour d'appel de Lyon, vient de rendre, après une brillante plaidoirie de Me J. Appleton, et sur les conclusions conformes de M. l'avocat général Carrier, l'arrêt suivant :

La Cour,

Considérant que la Dlle Favre, le 22 mai 1902, dans la soirée, a été mise en état d'arrestation par les trois intimés, agents de mœurs, dans le café Beaulieu, sis rue Moncey, 117, dont elle est la gérante ;

Considérant que l'agent Mas, pour justifier cette arrestation, explique que quelques heures avant d'y procéder la Dlle Favre, qui se trouvait dans la rue Moncey, devant le susdit café Beaulieu, essaya de le racoler par regards et par gestes;

Qu'il craignit de causer du trouble et du scandale en l'arrêtant à ce moment, mais qu'il la dévisagea complètement;

Que, lorsqu'il revint devant le café Beaulieu avec ses deux collègues Pilot et Perrin, tous les trois la virent de la rue, assise à l'intérieur du café, à côté de plusieurs consommateurs, dans une attitude provocante, ce qui les décida à l'arrêter;

Considérant que la Dlle Favre donne démenti absolu aux explications des agents; qu'elle soutient n'avoir pas racolé Mas et n'avoir pas eu une tenue inconvenante dans le café Beaulieu;

Qu'au surplus, la Cour n'a pas, quant à présent du moins, à approfondir cette question, qu'elle a seulement à examiner si l'exception d'incompétence opposée par les agents à la demande en dommages-intérêts pour arrestation illégale, que la Dlle Favre leur a intentée, doit être admise ou rejetée;

Considérant qu'aux termes de l'article 114 du Code pénal un agent ou un préposé du Gouvernement qui aura ordonné ou fait acte attentatoire à la liberté individuelle est puni de la dégradation civique;

Qu'un acte dont la loi a fait un crime ne peut revêtir le caractère d'un acte administratif;

Qu'il importe peu que la Dlle Favre se soit adressée aux tribunaux civils;

Que cela ne saurait changer le caractère de l'acte qu'elle impute aux agents;

Que l'article 117 du Code pénal autorise pleinement les victimes des attentats exprimés dans l'article 114 à demander des dommages-intérêts soit sur la poursuite criminelle, soit par la voie civile;

Que vainement les agents soutiennent qu'ayant agi comme fonctionnaires publics dans l'exercice de leurs fonctions les conséquences de leurs actes ne peuvent être appréciées que par des tribunaux administratifs;

Qu'un pareil système est insoutenable alors que c'est précisément en leur qualité de fonctionnaires publics que la loi pénale les frappe;

Qu'en somme, comme l'ont dit avec raison les premiers juges, le fait de procéder à l'arrestation et à l'incarcération d'une personne constitue non pas un acte administratif, mais un acte judiciaire de sa nature, dont le caractère n'est pas modifié par le caractère de la personne qui y procède;

Que les tribunaux judiciaires sont les gardiens naturels de la liberté individuelle et, qu'en principe, toutes les questions où ce droit est intéressé ressortissent à leur juridiction;

Considérant enfin que les intimés ne peuvent pas invoquer le 2e paragraphe de l'article 114 précité pour se décharger de la responsabilité qui pourra leur incomber lorsqu'il y aura lieu de statuer au fond, puisqu'ils ont procédé à l'arrestation de la Dlle Favre sans mandat, sans ordre de leurs chefs ;

Considérant que les premiers juges, après avoir affirmé leur compétence, ont cru devoir surseoir à statuer en renvoyant la cause et les parties devant l'autorité administrative compétente pour qu'elle interprètre et apprécie les arrêtés administratifs des 27 décembre 1878 et 15 septembre 1880, et qu'elle décide si ces arrêtés autorisaient l'arrestation administrative et étaient applicables à la Dlle Favre ;

Considérant que ces deux arrêtés préfectoraux sont des arrêtés réglementaires prescrivant des mesures générales, le premier sur la prostitution, le second sur la tenue des débits de boissons ;

Qu'à raison de leur caractère, qui, dans une certaine mesure, les assimile à une loi, les tribunaux civils ont le droit de les interpréter ;

Considérant, en outre, que les tribunaux civils ne sont obligés de surseoir et de renvoyer devant les tribunaux administratifs pour l'interprétation d'un acte administratif que si le texte de cet acte administratif est obscur et ambigu ;

Que ce n'est pas le cas dans l'espèce actuelle;

Qu'en effet les deux arrêtés précipités ne contiennent ni obscurité ni ambiguïté :

Qu'un seul article de l'arrêté de 1878 parle de détention, l'article 9, et qu'il est très clair, étant ainsi conçu : « Toute fille publique qui, quoique munie de sa carte n'aura pas de domicile certain, sera considérée comme en état de vagabondage, et punie administrativement de cinq à vingt jours de prison. »

Considérant que cet article ne s'applique pas la D^{lle} Favre qui n'est pas fille publique et qui a un domicile certain ;

Considérant que l'article 2 de l'arrêté du 16 septembre 1880 interdit aux filles et aux femmes de service dans les débits de boissons de s'asseoir à côté des consommateurs ;

Que ce texte est aussi très clair et n'a pas besoin d'interprétation ;

Qu'il ne s'applique pas du reste à la D^{lle} Favre qui n'est pas fille de service dans le café Beaulieu, mais bien gérante de cet établissement ;

Que ni l'article 2 ni aucun des autres articles de cet arrêté ne sanctionne ses prescriptions par l'arrestation et la détention ;

Considérant, au surplus, qu'il est de jurisprudence certaine et constante que les infractions aux prescriptions d'arrêtés semblables à ceux du 27 décembre 1878 et du 16 septembre 1880 ne constituent que de simples contraventions et qu'il est inadmissible qu'il soit permis d'arrêter et de détenir préventivement une personne connue, domiciliée et exerçant une profession, parce qu'elle aurait commis une simple contravention;

Considérant qu'il n'y avait donc nulle nécessité pour le tribunal de surseoir à statuer jusqu'à ce que l'autorité administrative eût interprété et apprécié les arrêtés administratifs de 1878 et 1880;

Considérant que les intimés soutiennent encore, il est vrai, qu'il n'y a pas lieu de s'en tenir seulement à l'application des susdits arrêtés, mais qu'il faut, en outre, recourir aux ordonnances du 20 avril 1684 et du 26 juillet 1713 qui seraient encore en vigueur;

Considérant, tout d'abord, qu'on ne conçoit pas très bien qu'on doive à Lyon, remonter à des ordonnances aussi anciennes, quand il existe un arrêté légalement pris en 1878 par le préfet du département du Rhône, qui remplissait en outre, à ce moment, les fonctions de maire de la ville de Lyon et alors que cet arrêté constitue un règlement général de la prostitution pour ladite ville;

Considérant qu'on ne voit pas non plus pourquoi, lorsqu'on est obligé de reconnaître que la plupart des peines édictées par ces ordonnances sont inapplicables aujourd'hui, on retiendrait le droit d'arrestation et de détention;

Considérant que, du reste, l'ordonnance de 1713 n'autorisait l'arrestation des filles que sur la plainte écrite des voisins confirmée par serment, et qu'il n'y a rien eu de semblable lors de l'arrestation de la D^lle Favre;

Considérant, enfin, que ces ordonnances autorisent l'arrestation des filles publiques et qu'incontestablement la D^lle^ Favre n'est pas une fille publique;

Qu'en effet elle n'était pas inscrite sur les registres de la police des mœurs, elle exerçait une profession avouable et même, en admettant la parfaite bonne foi des agents dans leurs déclarations, il serait plus que téméraire d'affirmer qu'elle se livrât clandestinement à la prostitution;

Considérant que, par conclusions subsidiaires, les intimés demandent que la D^lle^ Favre soit renvoyée devant l'autorité administrative à l'effet de faire statuer sur le point de savoir s'il y a eu de la part des agents un fait personnel distinct de leurs fonctions;

Considérant que, pour rejeter cette demande, il suffit de s'en référer aux motifs qui ont été déjà donnés;

A celui-ci notamment que l'arrestation et la détention étant d'ordre judiciaire, c'est aux tribunaux judiciaires qu'il appartient de rechercher et de dire si l'arrestation opérée a été légale ou arbitraire;

Qu'il est donc inutile de rechercher, quant à présent, si les conditions dans lesquelles l'arrestation de la D^lle^ Favre a été opérée constituent de la part des agents une faute lourde et un fait personnel en dehors de leurs fonctions;

Par ces motifs,

La Cour, après en avoir délibéré,

Dit qu'il a été mal jugé, bien appelé du jugement rendu par le tribunal civil de Lyon à la date du 1er avril 1903 ;

Dit que le tribunal civil de Lyon est compétent pour connaître de la demande en dommages-intérêts formée par la Dlle Favre contre Mas, Pilot et Perrin ;

Qu'il n'y a lieu à aucun sursis et à aucune interprétation par l'autorité administrative des règlements des 27 décembre 1878 et 16 septembre 1880 ;

Rejette les conclusions des intimés tant principales que subsidiaires ;

Renvoie la cause et les parties devant le tribunal civil de Lyon composé d'autres juges ;

Condamne solidairement Mas, Pilot et Perrin à tous les dépens de l'incident tant de première instance que d'appel ;

Ordonne la restitution de l'amende.

Cette décision judiciaire, et c'est son importance capitale, établit nettement que les articles 114 et 117 du Code pénal protègent les justiciables contre les arrestations arbitraires de la police des mœurs.

Le Conseil d'État, dans un arrêt tout récent, a confirmé implicitement cette jurisprudence.

Il s'agissait d'une Dlle G..., qui avait été arrêtée à cinq heures du soir, près du Louvre, par deux agents des mœurs. Conduite au commissariat de police, elle ne put obtenir qu'on vérifiât immédiatement les indications qu'elle donnait sur son identité et son honorabilité. Elle dut passer la nuit au Dépôt et subir la visite sanitaire. Elle ne fut relâchée que le lendemain soir.

La Dlle G..., se croyant en droit, en vertu de certains textes, d'incriminer l'État en l'espèce, saisit le Conseil d'État de cette affaire. Le Conseil d'État a déclaré que, si la Dlle G... se croyait fondée à soutenir qu'elle avait été victime d'une arrestation arbitraire, ce n'était pas contre l'État ni devant la juridiction administrative qu'elle devait porter son action.

Voilà donc bien fixé un point de doctrine et de jurisprudence que quelques-uns voulaient discuter encore.

La Cour de Lyon, il faut le retenir, n'examine pas la valeur légale des dispositions contenues dans les ordonnances et arrêtés qu'elle mentionne.

Elle ne cite certaines de ces dispositions,

dans son arrêt, que pour fortifier *en fait* sa décision. Mais elle a bien soin d'établir, et elle le fait sans peine, qu'*en droit* les arrestations opérées par la police des mœurs, en vertu seulement des ordonnances et arrêtés invoqués, sont illégales, arbitraires et que, par conséquent, les auteurs responsables de ces arrestations tombent sous l'application des articles 114 et 117 du Code pénal.

Il faut ajouter qu'en tout état de cause l'article 484 du Code pénal ne reconnaît qu'aux cours et tribunaux le droit et le pouvoir d'appliquer les lois et règlements particuliers.

La Cour de cassation a décidé depuis longtemps d'ailleurs que les infractions aux anciennes lois et aux anciens règlements de police ne pouvaient entraîner, comme celles aux arrêtés des maires, que l'application des articles 471 et 474 du Code pénal (1 franc à 5 francs d'amende, trois jours de prison au plus).

LA POLICE DES MŒURS[1]

CONCLUSIONS DU RAPPORT PRÉSENTÉ AU CONSEIL MUNICIPAL DE PARIS PAR M. TUROT AU NOM DE LA 2e COMMISSION

A la suite des incidents provoqués l'année dernière par quelques erreurs de la police des mœurs, le Conseil municipal de Paris émit le vœu « que des réformes profondes et décisives fussent introduites d'urgence dans l'organisation de la police des mœurs »; et il invita sa 2e commission « à procéder à une réglementation du service des mœurs à la Préfecture de police, de façon à enlever tout caractère pénal aux mesures qui pourraient être prises contre les prostituées pour la protection de la santé publique ».

La 2e comission a procédé à une longue et

1. *Petit Temps* du 25 février 1904.

minutieuse enquête, dont les résultats seront produits au cours de la prochaine session du Conseil municipal. Elle a entendu le Préfet de police, les délégués des hôteliers, des marchands de vins, etc. ; elle a envoyé des délégations à Londres, à Budapest, à Berlin, à Bruxelles, en Italie, étudier le fonctionnement dans ces villes de la police des mœurs. Ces travaux terminés, elle a chargé M. Turot de présenter un rapport d'ensemble, deux autres rapporteurs MM. Mithouard et Maurice Quentin, devant étudier les questions spéciales des maisons de tolérance et de rendez-vous, et les questions de droit que soulève la Réglementation.

Le rapport de M. Turot a été distribué ce soir. Nous n'en pouvons donner qu'une brève analyse, complétée par les conclusions qui seront soumises à l'approbation de la commission et du Conseil.

Après une introduction historique fort documentée où il rappelle ce que fut la Réglementation depuis l'antiquité jusqu'aux temps modernes, M. Turot expose la Réglementation actuelle qui date de 1893 et où s'accumulent les obligations et les défenses de toutes sortes.

Il envisage ensuite le problème « angoissant » de la prostitution des mineures et signale le nombre effrayant des mineures inscrites depuis 1872 : plus de 8.000. Il blâme les réglementations imposées à certaines maisons alors que d'autres en sont exemptes.

Il déclare, d'ailleurs, cette Réglementation telle qu'elle existe, illégitime et illégale; pis encore, il l'estime inefficace parce qu'elle ne s'applique qu'aux femmes et pas aux hommes; parce que les visites de médecins sont trop rares et trop rapides ; parce que les dispensaires sont encombrés ; parce que la peur de la prison de Saint-Lazare empêche les femmes de se faire soigner. Enfin, il est certain que la syphilis est toujours aussi répandue ; donc la Réglementation n'a pas réussi à enrayer le mal : il faut songer à un autre remède.

Comme conclusion de son rapport, M. Turot propose à ses collègues d'adopter les projets de délibération et les vœux dont voici les principales dispositions :

1er Projet de délibération. — 1° Il y a lieu de

fonder pour les filles mineurs en état de vagabondage immoral, un établissement spécial où elles pourront être retenues jusqu'à leur majorité.

Le régime de cet établissement, qui devra être rattaché au service des « moralement abandonnés », sera celui d'une institution d'éducation professionnelle.

La réforme morale et physique des jeunes filles qui y seront internées devra être le but constant à poursuivre. Cet établissement ne devra avoir aucun caractère pénitentiaire.

Une infirmerie spéciale pourra y être annexée et devra recevoir les filles mineures se livrant habituellement à la prostitution et atteintes de maladies vénériennes.

2° La mise en cartes des mineures est interdite et la radiation de toutes les mineures déjà inscrites doit être effectuée sans retard.

2e Projet de délibération. — Tous les services de la Préfecture de police destinés à la surveillance, à l'inscription à la punition des prostituées sont supprimés.

Les gardiens de la paix en uniforme seront seuls chargés de faire observer les arrêtés relatifs à l'interdiction du racolage, au scandale sur la voie publique, etc., etc.

Toutes les contraventions résultant de la non-observation de ces arrêtés seraient déférées au tribunal de simple police ;

Les filles prostituées ne seront dorénavant

astreintes, ni à l'inscription, ni aux visites obligatoires. En aucun cas elles ne pourront être frappées de peines administratives;

La radiation de toutes les filles actuellement inscrites devra s'effectuer immédiatement;

Il y a lieu de rattacher au service d'hygiène de la Préfecture de la Seine tout ce qui concerne les mesures prophylactiques concernant la syphilis, désormais considérée comme toute autre maladie et ne devant entraîner ni discrédit, ni châtiment;

La Préfecture de police ne devra, sous aucun prétexte, intervenir dans ces mesures prophylactiques;

Toutes les mesures qui sont de nature à faire redouter aux prostituées vénériennes un emprisonnement sous quelque forme que ce soit sont rapportées; l'Administration devra s'efforcer au contraire de les convaincre qu'elles peuvent et doivent se faire soigner sans risquer d'être retenues contre leur volonté;

Dans tous les dispensaires, dépendant de l'Assistance publique ou subventionnés par la Ville, des consultations auront lieu où toute personne atteinte de maladie vénérienne recevra des soins et des médicaments gratuits;

Dans tous les hôpitaux généraux seront installées des salles destinées aux vénériens et aux vénériennes sans qu'aucune désignation puisse indiquer au public la nature de la maladie traitée dans ces services spéciaux;

Les hôpitaux spéciaux actuellement existants seront transformés en hôpitaux généraux;

Nul ne pourra être retenu contre sa volonté dans ces services spéciaux des hôpitaux généraux;

Nulle fille, syphilitique ou non, ne pourra, sauf en cas de condamnation pour délit de droit commun, être envoyée à Saint-Lazare dont l'infirmerie, en attendant sa démolition, ne devra plus avoir d'autre affectation que les infirmeries des autres établissements pénitenciers.

3e *Projet de délibération.* — M. le Préfet de police est invité à prendre un arrêté interdisant les affiches des guérisseurs des maladies vénériennes apposées dans les urinoirs, vespasiennes, chalets de nécessité et autres lieux publics, affiches qui constituent un danger pour la santé publique.

4e *Projet de délibération.* — M. le Préfet de police est invité à ordonner la fermeture de tous les estaminets adjoints aux maisons de prostitution et à interdire à toute proxénète de loger des pensionnaires.

Toute réglementation spéciale concernant les lupanars (maisons de tolérance et maisons de rendez-vous) est supprimée, le droit commun suffisant à faire fermer une maison comme établissement insalubre s'il est établi que des cas de syphilis s'y sont produits et à faire poursuivre une proxénète qui accueillerait des filles mineures.

Vœux. — 1° Que le Parlement adopte le projet de loi Roussel, assimilant les mineures prostituées aux mineures abandonnées ou délaissées, et que les mineures prostituées, âgées de plus de seize ans soient, sur décision du juge de paix, soit remises en liberté, soit rendues à leur famille, soit placées par l'Administration dans un établissement de réformation morale.

2° Que le Parlement vote une loi définissant le délit de contamination et prévoyant des sanctions pénales;

3° Que les statuts des Sociétés de secours mutuels, des grandes Compagnies, etc., soient revisés et que les médicaments et soins exigés par les maladies vénériennes soient accordés comme pour toute autre maladie.

4° Que le Ministre de la guerre, au cas où des punitions seraient encore infligées aux hommes atteints de maladies vénériennes, veuille bien adresser une circulaire défendant énergiquement des mesures aussi néfastes, qui ont pour résultat d'encourager les hommes à dissimuler leur mal, et, par conséquent, à le laisser s'aggraver et à rester de dangereux agents de transmission de la maladie.

5° Que le droit commun soit appliqué aux hôteliers-logeurs, cabaretiers, débitants, etc..., dans les cas de proxénétisme définis par la loi du 3 avril 1903.

TABLE DES MATIÈRES

TOURS. — IMPRIMERIE DESLIS FRÈRES.

www.ingramcontent.com/pod-product-compliance
Ingram Content Group UK Ltd.
Pitfield, Milton Keynes, MK11 3LW, UK
UKHW022103190726
13855UKWH00002B/606